时尚零售企业年度经营计划

赵栋梁 | 著

图书在版编目（CIP）数据

时尚零售企业年度经营计划 / 赵栋梁著 . -- 北京：北京联合出版公司，2024.9.-- ISBN 978-7-5596-7731-0

Ⅰ . F416

中国国家版本馆 CIP 数据核字第 2024CA3404 号

时尚零售企业年度经营计划

作　　者：赵栋梁
出 品 人：赵红仕
选题策划：北京时代光华图书有限公司
责任编辑：夏应鹏
特约编辑：李淼淼
封面设计：柏拉图

北京联合出版公司出版
（北京市西城区德外大街 83 号楼 9 层　　100088）
北京时代光华图书有限公司发行
涿州市京南印刷厂印刷　　新华书店经销
字数 259 千字　　787 毫米 × 1092 毫米　　1/16　　20 印张
2024 年 9 月第 1 版　　2024 年 9 月第 1 次印刷
ISBN 978-7-5596-7731-0
定价：88.00 元

版权所有，侵权必究

未经书面许可，不得以任何方式转载、复制、翻印本书部分或全部内容
本书若有质量问题，请与本社图书销售中心联系调换。电话：010-82894445

推荐序

近几年,国内鞋服行业更新迭代很快。以鞋行业为例,中小品牌的体量越来越小,有的被迫回到贴牌代工模式,有的直接被市场无情淘汰。当然,也有一些品牌持续高歌猛进,日渐成长为令人羡慕的"大国品牌"。

在运动鞋服方面,安踏可谓"遥遥领先",2022年更是凭借536.5亿元的总营收,30年来第一次超过耐克大中华区业绩,迎来高光时刻。安踏不仅在国内市场独领风骚,借助一路布局的多品牌战略,在国际市场上也不断开疆拓土。

李宁品牌,近几年凭借独特的原创设计和产品美学走出国门,频频亮相引领时尚的各大时装周,成为国潮顶流,展现"大牌"格调。与此同时,李宁集团在高端皮鞋行业的布局也进一步呈现,通过收购,目前旗下已经拥有铁狮东尼、其乐、堡狮龙等多个百年品牌,在推动国际化梦想的同时,也期望开启第二增长曲线。

在女鞋行业,百丽时尚集团依然是实至名归的"女鞋之王",旗下拥有百丽、天美意、他她、百思图、思加图、森达、妙丽、真美诗、15MINS、73hours、SKAP等一众品牌,实现了对中高端女性市场的全领域覆盖。近年来，百丽时尚集团也在不断加大原创研发力度，推出了鲸鱼鞋1代、鲸鱼鞋2代等叫好又叫座的超级单品。

《孙子兵法》云：多算胜，少算不胜。安踏、李宁、百丽这些品牌能发展到如今的规模，毫无疑问都离不开其科学规划的指引。

赵栋梁老师是鞋服行业的资深顾问，20多年始终专注于鞋服行业，手把手带教、帮扶了一大批企业。几年前，赵老师推出了《低库存高盈利的销售路线图：服装生意这样做》一书，系统阐述了鞋服行业商品管理的方法和逻辑，填补了国内鞋服行业本土化商品管理思想的空白，成为业内人手一册的"商品管理宝典"。

几年过去了，时尚零售行业发生了较多变化，尤其是直播、短视频等新业态不断发力，越来越成为不容忽视的"一极"。面对新变化，赵老师把这些年在一线商品管理实际操作中的成功经验，结合自己的新思考进行总结、提升，又一本新书应运而生——《时尚零售企业年度经营计划》。

我们看到，还有很多的国内鞋服品牌、企业，在经营计划上依然简单粗放；很多企业的年度计划并不是科学的计划，只是"新年愿望"，是一厢情愿的幻想。最终也势必导致企业目标不明确、盈利能力弱、抗风险能力差。

赵老师的这本新书，从商业模式、战略、营运、商品、财务和运营等维度详尽阐述了企业进行全年经营规划的逻辑与方法，又将是鞋服行业商品管理领域不可多得的一本好书。

鞋世界创始人　范玉杰

前言

掌控全局，才能做好经营

企业熬过初创期，初具组织框架和职能分工后，为了实现高盈利低库存的经营目标，就要定期制订年度经营计划。好的年度经营计划能够让管理者掌控企业经营的全局，通过规范的经营打通部门间业务协作，提高效率和效益，同时明确下一步的经营方向，从而少走弯路，少犯错误，提升创造价值的能力。

企业要想做出好的年度经营计划，有两件事情很重要。

第一，确立年度经营计划的八大领域（见图1）。

时尚零售企业的年度经营计划可以分为商业模式、经营战略、营运计划、渠道计划、商品计划、财务计划、组织结构及人力资源计划、薪酬绩效及利益分配计划八大领域。企业在做下一年的经营计划时，要对这八大领域进行有选择的深耕，强化各领域专业水平和人员能力，力求各领域都无弱点，能力均衡。

企业经营得好，不少都是在八个领域长期布局、日积月累深耕的结果。只是他们会在制订下一年度的经营计划时，依据战略分析选择聚焦发力的领域，如果你在某个时刻静态地看他们，会觉得他们在某个领域很厉害，从而产生他们一直在抓这个领域的错觉。

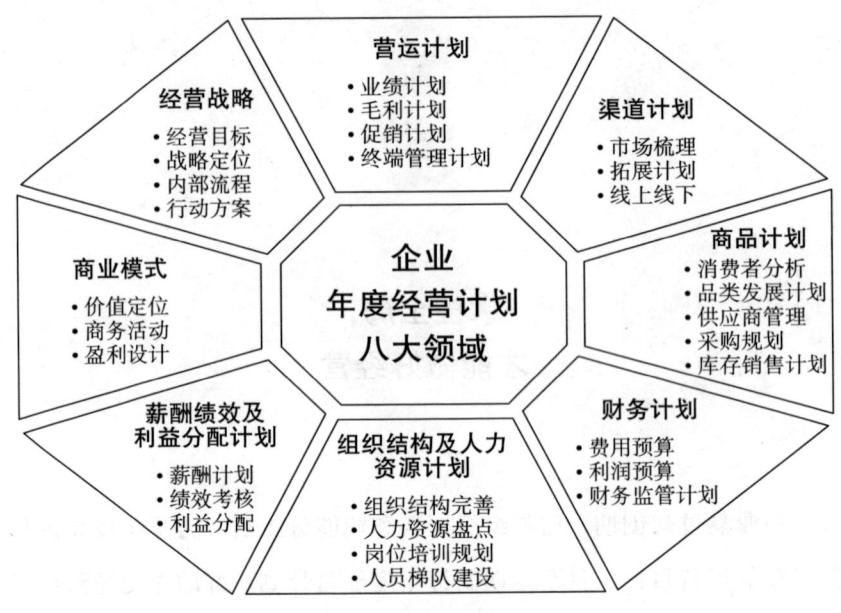

图1 企业年度经营计划八大领域

如果经营者只把资源固化在某个领域,比如市场拓展、供应商关系、人资绩效,而忽略其他领域的均衡发展,一旦市场出现变化,企业短板太多,极易造成经营衰退。

因此,处于衰退期的企业更需要制订一个好的年度经营计划,分析企业在现有的环境、资源、能力条件下,如何形成相对竞争优势,达到经营目标。

第二,确立三个工作原则。

原则一:横向联结,形成群智涌现。

要让所有职能部门参与进来,不能只靠某人或某部门做计划。

年度经营计划涉及组织内部各项变革和对外商业决策,需要公司最高管理层参与。公司要成立一个年度经营计划管理委员会(简称"管委会")协调各方面力量,具体做法是组建一个强有力的项目小组,组员包括各职能部门负责人和销售代表。管委会在每年第三季度（最早在6月启动，最晚在12月结束）启动年度经营计划制订，对商业模式、经营战略、营运计划、商品计划、财务计划、门店业务计划、52周业务管理、经营分析指标矩阵（八类指标）共八个单元的全年经营目标进行规划（见图2）。

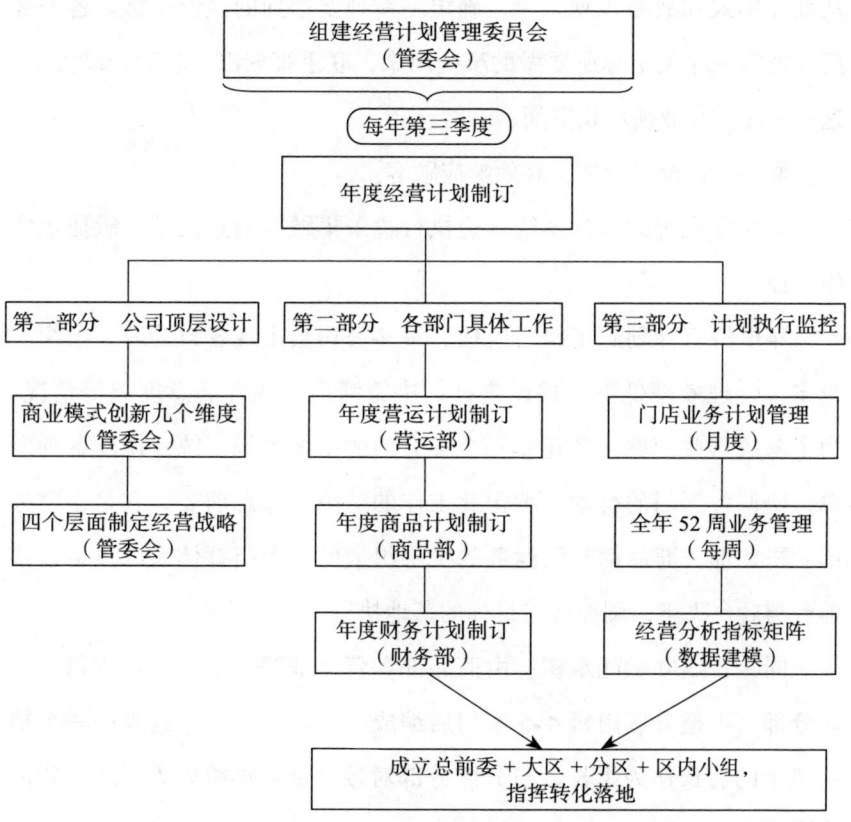

图2　年度经营计划制订框架

管委会需要对年度经营计划的制订和执行结果负全责。

原则二：增长破局，精心谋划行动。

要做出一整套全年商业活动构想，不要把视野局限于定业绩目标和搞促销。

很多公司做年度经营计划,会把工作重点放在定业绩增长目标、修改绩效方案和分解下压给团队这三件事上。可问题在于,市场环境是变化的,如果想要改善经营状况,就要找到当前的经营障碍点和破局点,而不应局限在传统套路里。管委会要认清自身的优势和劣势,从商业模式和战略规划入手,确定一系列要达到的经营指标。各个部门要把实现相关指标所要做的事列出来,联手策划出一整套行动方案,这样才能打开业绩增长空间。

原则三:统一指挥,高效响应顾客。

要建立完善的指挥系统,边执行边采集顾客信息反馈,敏捷地实施调控。

年度经营计划到了执行阶段,很多公司会出现各自为政、组织层级多、管理效率低下、推诿责任、决策滞后、顾客满意度差等情况。为了解决这些问题,要建立一个强有力的指挥系统,统一调配各种资源,协调各部门的行动。承担此工作的组织叫作总前委,它是由财务部、采购部、商品部和营运部的中层组成的中台指挥体系,负责连接前台与后台决策,调控战略目标的落地执行。

同时要建立赋能组织,由商品部和营运部联合组成大区支部、分区分部,再把分区内每4~5家门店编成一个区内小组,选其中一个精明强干的店长作为组长,与分区分部对接,负责小组内人、店、货的协同管理。

本书将会围绕以上内容展开。全书分三个部分。

第一篇讲述公司顶层设计的两个重点内容:一是用商业模式画布找到公司经营的破局点,二是用战略地图制定下一年的经营目标和行动方案。

第二篇讲述部门具体工作，主要是通过制订营运计划、商品计划和财务计划，实现公司年度经营目标在营运部、商品部和财务部的分解。

第三篇讲述计划执行调控，介绍经营计划的月度业务管理方法、每周的执行管理方法，以及如何提升发现问题、分析问题、解决问题的能力。

附录总结了经营分析八类指标，用于建立经营分析指标矩阵，追踪目标完成的真实状况。

希望这本书能够帮助你对公司的经营活动形成理性认识，掌控企业经营的全局，调整好顶层设计，为下一年制定合理的部门目标和工作安排。

我也想借这个机会谢谢所有帮助过我，让我完成经营方法论研究、企业实践及写成这本书的人。我从2008年开始进行鞋服行业经营管理的教学，学生们的热情让我的研究变成一种乐趣，我从他们身上学到很多。感谢所有与我进行咨询项目合作的企业，他们给我提供了理论落地为实战的宝贵机会。感谢我的师长和行业前辈，他们让我头脑中的经营理念和业务逻辑更加清晰、缜密。感谢慧合咨询团队每一个成员的辛劳付出，尤其感谢帮助我进行文字编辑整理的解书伟。感谢出版方编辑对书稿诸多严谨细密的建议和修正，特别感谢马兴欢，是她的不断鼓励和支持促成了此书的出版。

最后，我想和大家分享的是，每个人都可以用不同的方式创造出一件美好作品，它可以是一本书，也可以是一门生意。你只要耐心、专注地走下去，不焦躁，不被嘈杂所动摇，眼前的路就会成为康庄大道，处处皆是事业通途。希望在鞋服行业的拼搏旅途中与你同行，做知心的朋友。

目录

第一篇 年度经营计划的顶层设计

第一章 九大维度描绘商业模式

导言　跳出惯性思维，改造商业模式　004

商业模式的表达框架　005

　　商业模式是什么　005

　　商业模式创新的作用　007

　　表达商业模式的三九蓝图　009

　　商业模式九维画布　013

商业模式的设计要点　020

　　业务定位的创新设计　020

　　业务系统的创新设计　026

　　交易系统的创新设计　032

商业模式的升级迭代　037

　　业务定位的排障升级　038

  业务系统的排障升级　041

  交易系统的排障升级　045

  生意升级的必要条件　048

第二章
四个层面画出战略地图

导言　梳理公司战略，确保目标完成　052

确定经营目标　057

  外部经营环境分析　057

  内部经营环境分析　061

  公司业务布局调整　068

选择战略定位　075

  客户定位：客户想要什么　075

  产品定位：公司能卖什么　077

  价值体验：让公司脱颖而出　079

  常用的六种战略定位　083

画出战略地图　086

  战略的四层表达框架　086

  分六步画出战略地图　088

战略地图的案例解读　101

北极星目标速查手册　108

第二篇
年度经营计划的部门分解

第三章
年度营运计划制订

导言　提升营运效率不能只靠营运部　118

市场销售资源盘点　120

建立渠道地图，挖掘门店潜力　120

建立用户标签，掌握消费习惯　125

分析月度销存，合理配置货品　127

评估导购能力，为人员赋能　130

采集竞品情报，摸清市场动态　131

判断线上渠道潜力，开展线上线下一体化销售　132

门店经营目标分解　135

分析门店经营效益，用好一店一月一策法　135

门店月度目标的分解与调整　140

导购销售质量的提升　142

门店营销计划制订　146

营销活动要精准触达顾客　146

规划营销活动的两个工具　147

　　营销活动效果评估复盘　153

第四章
年度商品计划制订

导言　三道防线确保高盈利低库存　156

商品采购计划制订　160

　　绘制四季销售周期图谱，找出销售规律　160

　　做好四季销售占比规划，保证人货匹配　163

　　确定历史库存业绩目标，平衡新老搭配　165

　　采购预算的制定与审批　168

商品销售计划制订　172

　　用三段六月法控制销售节奏　172

　　实现销量目标的两种模型　175

　　设定销售折扣的安全线　177

　　填制全年商品销售计划　178

商品上市管理　181

　　波段售罄推进方式　181

　　波段销售周期规划　183

　　波段的首采和补货　185

　　品类波段上市计划　188

第五章
年度财务计划制订

导言　升级财务职能，促进店货双赢　192

经营风险内控框架　195

  费用控制与利润目标测算　195

  月盈亏平衡点测算　199

  财务部与营运部交互式决策　201

订单回笼率的监管　203

  订单经营周期管理　203

  订单归零描述　204

  回笼率与回笼资金测算　205

  财务部与商品部交互式决策　208

  财务部与采购部交互式决策　208

存货周转率的监管　211

  存货周转率测算　211

  存销比驱动存货周转率　216

  编制滚动库存测算表　218

  存货周转率的持续改善　220

第三篇 年度经营计划的执行调控

第六章 门店业务计划管理

导言　用月度业务计划改善门店管理　226

双轨业绩目标制定　229

　　业绩目标的滚动调整　229

　　销量目标的滚动调整　233

　　业绩与销量双轨匹配　234

商品销售策略制定　238

　　品类结构的销售重心　238

　　价格结构的销售重心　240

　　品类主打产品的选择　242

　　门店商品规划确认会　243

顾客销售计划制订　245

　　搭建用户标签体系　245

　　RFM价值模型分析　247

　　用户拉新与复购策划　251

导购管理计划制订　255

　　改善门店绩效的决胜要素　255

目 录

  每月导购能力复盘 256

  自驱型导购绩效提升 257

第七章
全年52周业务管理

导言 以周为单位进行精细化管理 260

做好每周的经营复盘 264

  经营复盘的四个步骤 264

  门店商品存销比调整 268

每周会议的内容设置 271

  做好持续改善 271

  商品部和营运部协同开每周例会 272

用结构化思维解决问题 276

  七步成诗法解决问题 276

  丰田精益改善八步法 280

附 录
经营分析八类指标

  财务管理类指标 284

渠道管理类指标　285

物流管理类指标　286

公司收益类指标　286

店铺经营类指标　287

导购绩效类指标　289

顾客管理类指标　289

商品运营类指标　290

后记　战略目标的落地执行保障　293

主要参考文献　295

业内推荐　297

第一篇

年度经营计划的
顶层设计

第一章

九大维度描绘商业模式

> 商业模式的表达框架

> 商业模式的设计要点

> 商业模式的升级迭代

导言 | 跳出惯性思维，改造商业模式

假如你所在的公司面对错综复杂的市场变化，经营上感受到巨大的压力，公司力图通过制订年度经营计划找到出路。公司创始人决定组建年度经营计划管理委员会（管委会），任命你为组长，并从公司各职能部门负责人和销售一线精英中选拔成员，采用项目小组的方式，共同规划公司下一年生意怎么做。

管委会面临的首要问题是：怎么调整下一年的生意，打开利润增长空间？

对于这个问题，多数人通常有两种思路：其一，尽量不折腾，守住家底，等待转机，持平就是赢；其二，一定要改变，借用同行的经验和模式，扬长避短，摸索着过河。

作为管委会组长，你要先调查一下公司是否持续出现增长乏力、现金断流、扩张无力、员工流失率高等现象，如果是，那么情况是否严重，管理团队都用了什么办法解决问题。如果能想的办法都用了，还是没有明显改善，就表明公司赖以生存的商业模式已经老化甚至失效。

治标还要治本，为了防止老化失效的商业模式继续拖公司经营的后腿，管委会要跳出上述两种惯性思维，切换工作方向，从改造公司商业模式入手，找出可以操作的新出路，提升经营效率。

商业模式的表达框架

商业模式是什么

商业模式是什么？它跟公司的营收增长有什么关系？

在讲这一点之前，先来看一个例子：有一家非常不错的服装工厂，生产设备先进，产能大，干部素养高，工人很专业，产品质量好，假如让你去经营，你该怎么干？

通常情况下有八种做法。

第一种，直接销售模式。自己建立门店，把产品销售给顾客。

第二种，按需模式。开发 App 或者建立电商平台，让顾客在线上自行下单，说明所需产品的款式、数量，工厂按订单进行生产，但需要一段时间才能发货。

第三种，订购模式。上面两种模式运行一段时间后，有些顾客很喜欢产品，想要进行储值或者预付费，方便长期购买，这时可以给顾客优惠打包价格。

第四种，按时付费模式。顾客免费拿衣服穿，按照使用时间付费。

第五种，免费增值模式。衣服免费，但是形象设计和潮流穿搭服务需要付费。

第六种，亏本出售模式。可以对某一款产品以低于市场的价格进行销售，以此吸引顾客，并向顾客销售另一种高利润产品。如成人服装和儿童服装，不少父母会为了孩子付出更多的钱，那就以低价的成人服装吸引家长，用儿童服装赚高利润。

第七种，众筹模式。将服装销售运营系统做大，建立经销商分销体系，对长期大量购买衣服的顾客进行分管，召开订货会，经销商提前下订单，工厂再生产衣服。

第八种，特许经营模式。加盟到一个成熟的运营体系当中，获得强势品牌授权，通过品牌赋能提升销量。

可见，一家服装工厂的经营方式至少有八种，为了让工厂发展壮大，你要依据当下的资源和能力，选择一个适当的模式去运作，既为顾客创造价值，也为工厂收获利润。

所以，我们可以将商业模式定义为：

商业模式是为了充分挖掘增长机会和创造价值，精心设计好的生意框架，是为了实现公司经营目标所设计的一整套商务行动。商业模式可以提升产品和服务价值，获得顾客推荐和复购。好的商业模式一定是洞察到了某种未被满足的顾客需求，先人后己，先解决顾客的需求，再让自己增长获利。

─────────────┤ 实践要点 ├─────────────

1. 管委会成员构成：要组建一个多样化团队，团队成员不应仅限于销售部门或公司高层，而应该来自各业务单元，各有专业特长和经验优势。多样化成员构成有助于产生新的创意，也可以加入一些公司外部人士。

2. 思维方式的热身：做一下服装工厂商业模式训练，帮助项目小组打开创意之门。这项训练通常会取得非常好的效果，管委会成员一旦摆脱当下公司经营特征的束缚，激活创造力，就更容易产生好创意。

（1）训练方法：每一个成员至少写出三种商业模式。要求他们首先定义工厂和产品的一些特征（产地、产能、团队结构、产品档次、男/女装、年龄段、品类、风格、价格等），然后用这些特征创造商业模式。给每人 15 分钟时间准备。

（2）思考的视觉化呈现：把成员的创意写在便利贴上或者画在纸上，放在每个人能看到的地方，大家可以随意移动这些创意，将它们重新组合。

商业模式创新的作用

公司要自觉改进商业模式，响应快速变化的市场需求，适应当下竞争愈加激烈的商业环境。一旦商业模式落后，公司将迅速被时代淘汰。因此，管委会要帮助公司发现商业模式的问题，寻找新的破局点，谋求利润持续增长，这项工作称为商业模式创新。

如果一开始就闷头研究自己的商业模式怎么创新，大概率是行不通的。时尚零售行业竞争十分激烈，所以绝不能忽视三个问题：竞争对手是谁？他们在哪里？他们是怎么做的？要想把生意做得跟别人不一样，就要充分了解自己的商业模式，同时看懂别人的商业模式，多方取舍，才能找到一条不太拥挤的路。

就像跑马拉松，往往不能只顾自己低头跑，可以先跟随一个群体，然后超越其中的领先者，再跟随下一个目标，逐渐追赶、超越，循环往复，直到名列前茅。

所以，管委会要做的首要工作，是为公司找到 3~5 个对标企业，分析其商业模式，找出先进指标，对照着做，挖掘自身潜力，这个方法叫作对标管理。

对标企业一般是行业中的先进者。可以从市场地位、经营规模、发展阶段、市场环境、内外监管环境（内是指人力资源、财力、物力、文化，外是指政策、经济、技术、自然环境）等方面来判断。

分析对标企业的商业模式，看看对方有什么好想法，有什么过人之处可以借鉴，再对比自己的商业模式，找出差距，挖掘需要排除的障碍。这时，管委会成员会产生"我们是不是也可以……"的想法，好的点子就此萌芽。

总之，企业每年进行商业模式创新的意义就在于，使用一种规范的方式，结构性地描绘一门生意，弄明白自己和别人的商业模式的优劣，然后科学地整合创新的好想法，找到经营破局点，排除经营障碍，为再造独特的经营方式打下基础（见图1-1）。

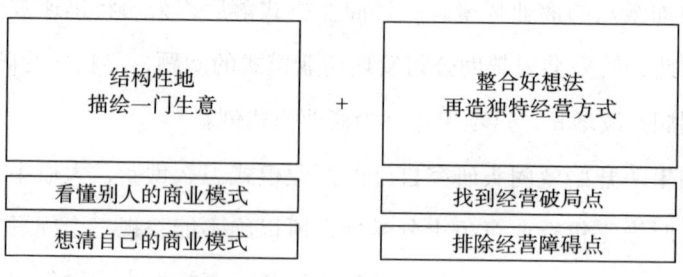

图1-1 商业模式创新的作用

---| 实践要点 |---

1. 选择对标企业，要明确选择标准。对标企业要有可比性，判断维度包括市场地位、经营规模、发展阶段、市场环境、内外监管环境等。

2. 让管委会成员提出对标企业备选名单，再将以上可比性当成比较的基本维度，与本公司做对比，分别标出对标企业在每个维度上与本公司对比的结果。依据结果将对标企业分成三类：中长期要赶上、明年要跟上、已经超越。从上述企业中，选出3~5个企业：中长期要赶上的1个，明年要跟上的2~3个，已经超越了但还需观察其威胁性的企业1~2个。

3.有时，大家总想将各企业的所长尽为己用，可学来学去还在原地踏步。这多半是因为在选择对标企业时太"贪心"，只看到对方的好，却忽视公司自身的经营特点，以致学到的东西并不适用。所以，管委会要实事求是地选择对标企业。

表达商业模式的三九蓝图

怎么才能把公司的商业模式表达清楚？

根据周宏骐对商业模式的研究，我们可以用三个层次构建一门生意的商业模式，而根据亚历山大·奥斯特瓦德、伊夫·皮尼厄对商业模式的研究，我们可以用九个维度设定经营生意的关键点——这里也隐藏着经营破局点。把两者结合在一起，就是三九蓝图法（见图1-2）。

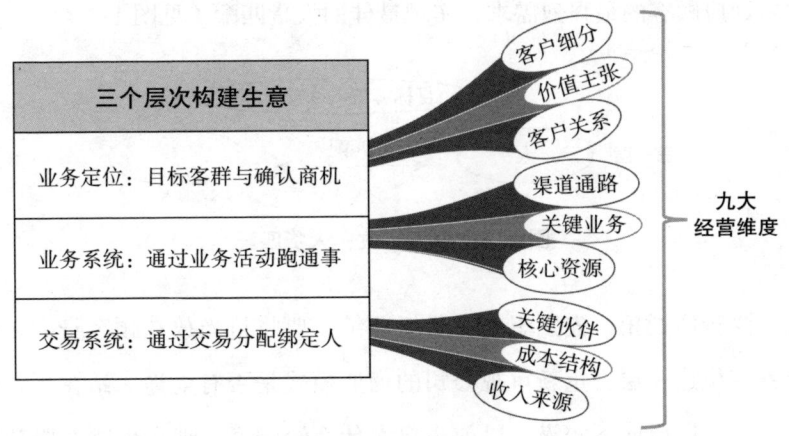

图1-2　三九蓝图法

用三九蓝图法表达商业模式，有以下两步。

第一步，把公司的生意划分出三个层次。第一层叫作业务定位，即公司的目标客群与确认的商业机会。第二层叫作业务系统，即公司前台与后台通过何种业务活动跑通营销。第三层叫作交易系统，即怎样通过交易和分配绑定人。一个公司的业务定位一旦发生改变，用来跑通营销的业务系统就会发生改变，而用于绑定人的交易系统也会随之改变。所以用生意的三层结构描述商业模式，这三层一定是上下贯通、互相联动的关系。

第二步，给每一层次划分出三个经营维度，用来寻找增长的抓手。其间，要把本公司与对标企业的每个层次都梳理清楚。

在业务定位方面，要思考：你的公司生意为谁而做？有什么可以变现的内容？如何征服顾客？

业务定位包含客户细分、价值主张和客户关系三个经营维度。客户细分指的是你想服务的人群，价值主张指的是你能为顾客创造什么价值，客户关系指的是怎样令顾客离不开你。

各花入各眼，每个人喜欢的东西都不一样。业务定位就是用变现内容回应顾客的最强烈需求，实现最佳的人货匹配（见图1-3）。

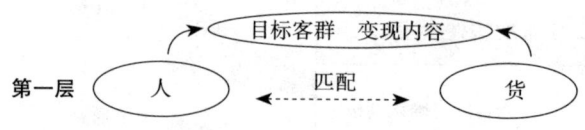

图1-3　业务定位：人货匹配

要转换视角，先别想着卖货抓业绩，要将目光放在顾客身上。从业务定位这一层，重新审视公司的商业模式是否有前途。站在顾客的视角，一层层向下挖潜。以前想要卖什么给顾客，现在想顾客愿意为什么买单;以前想要怎么黏住顾客,现在想顾客倾向于以什么方式接触我们;以前想怎么才能多赚钱,现在想如何满足顾客需求。

在业务系统方面,要思考:你的公司做什么事能把业务定位跑通?

业务系统包含渠道通路、关键业务和核心资源三个经营维度。渠道通路是指开发渠道触达顾客,关键业务是指营销必须做的事情,核心资源是指运转最重要的支撑。

为了让工作流更加顺畅,能撑住业务定位,我们可以把业务系统分为前台业务和后台业务,共七个业务环节(见图1-4)。

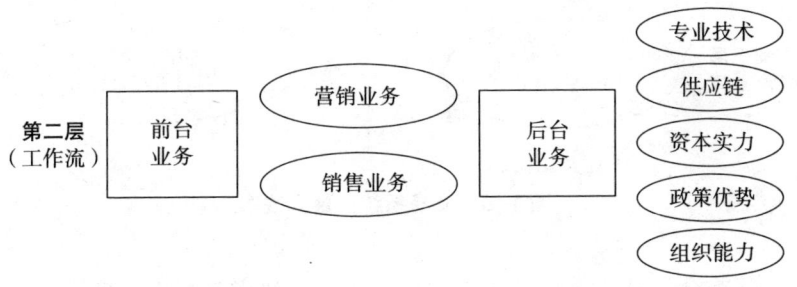

图1-4 业务系统:前台后台

先要找出本公司和对标企业的前台业务有何不同,弄清通常情况下前台业务比较强的企业在营销中是怎么做的,通过什么方式吸引顾客,如何造势,如何变现。前台业务有两个环节,分别是营销业务和销售业务。

如果前台业务差不多,就比较后台业务有哪些不同。后台业务可以从五个环节展开来看,包括专业技术、供应链、资本实力、政策优势和组织能力。

在交易系统方面,要思考:你的公司要通过什么样的交易形式来绑定人?

交易系统包含关键伙伴、成本结构和收入来源三个经营维度。关键伙伴是指供应商与合作网络，成本结构是指分配与盈利方式，收入来源是指从哪里获取营业收入。

交易系统分为内部交易（第一交易）和外部交易（第二交易）两部分（见图1-5）。企业如何进行第一交易？这个问题涉及设计供应商、合作方交易结构，以及企业与客户之间如何进行收款。企业如何进行第二交易？经营者要用利益分配来凝聚合作方的人心，驱动适合的人，也包括对员工进行股权分配、员工激励。

图1-5　交易系统：聚人成事

管委会要从三个层次来探究商业模式，思考在九个维度上有什么经营突破口。

----------------| 实践要点 |----------------

1. 不要着急做新的业务定位，构想新的业务系统和交易系统，一定先把当前的生意框架整理出来，现在什么样就是什么样，别掺杂理想态，要原汁原味。

2. 业务定位中的客户细分，不能想当然或者上网查一下对标企业的公共信息了事，这样偏差就太大了，一定要眼见为实，亲自到对标企业的门店调研一段时间，才能有相对准确的判断。

商业模式九维画布

怎么才能把公司的商业模式表达视觉化，便于下一步讨论分析？可以采用商业模式九维画布，只需要一张 A3 纸、若干便利贴，就能把公司商业模式的三个层次、九个维度呈现在纸上。

商业模式画布共分为三个区、九个框，分别对应公司的业务定位、业务系统、交易系统（见图 1-6）。

关键伙伴 （交易系统）	关键业务 （业务系统）	价值主张 （业务定位）	客户关系 （业务定位）	客户细分 （业务定位）
所需的供应商与合作单位的关系网络如何	为了实现独特价值，你必须做哪些事情	你能为客户创造什么独特的价值	你想与目标客户建立什么样的关系，怎样做才能让他们离不开你	你的目标客户在哪里，你想服务的人群有哪些
	核心资源 （业务系统）		渠道通路 （业务系统）	
	有效运转必需的重要因素		如何接触客户，哪些渠道最有效	
成本结构（交易系统）			收入来源（交易系统）	
如何设计成本，如何降本增效			你的交易方式为何，从哪里获取现金收入	

图 1-6　商业模式九维画布

1. 业务定位

（1）客户细分（Customer Segments，CS）

公司服务的客群都在哪里？是什么人？是变现能力最好的人群吗？先将服务的客群列出来，权衡货品与客群的匹配程度，弄清楚哪些不匹配，哪些客群越买越少，并进一步分析这些客群是否可能成为业绩增长的机会。

绘制客户细分维度时，可借鉴的表达逻辑如图 1-7 所示。

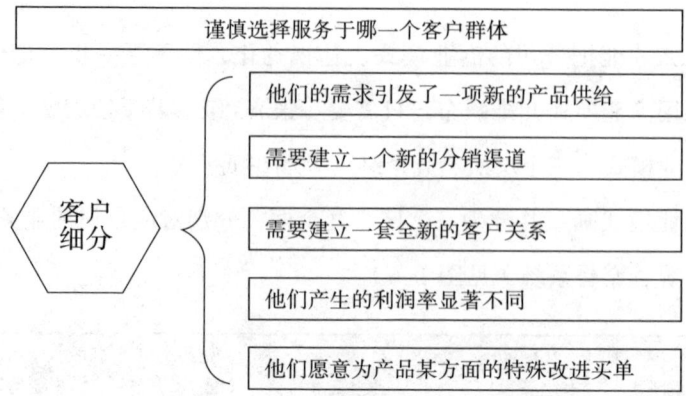

图 1-7　商业模式九维画布：客户细分

（2）客户关系（Customer Relationships，CR）

公司运用什么方式让顾客流连忘返，难以割舍？如积分返现、衣橱整理、免费熨烫等，甚至一些高端服务，这些我们是用心在做吗？

绘制客户关系维度时，可借鉴的表达逻辑如图 1-8 所示。

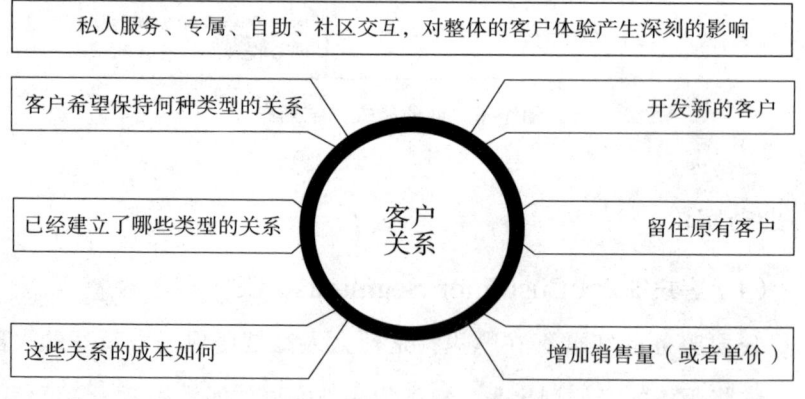

图 1-8　商业模式九维画布：客户关系

（3）价值主张（Value Propositions，VP）

顾客为什么向我们买货，看中了我们的什么价值？我们拿什么吸引顾客？为客户解决了什么问题？这些都是需要深究的。

绘制价值主张维度时，可借鉴的表达逻辑如图1-9所示。

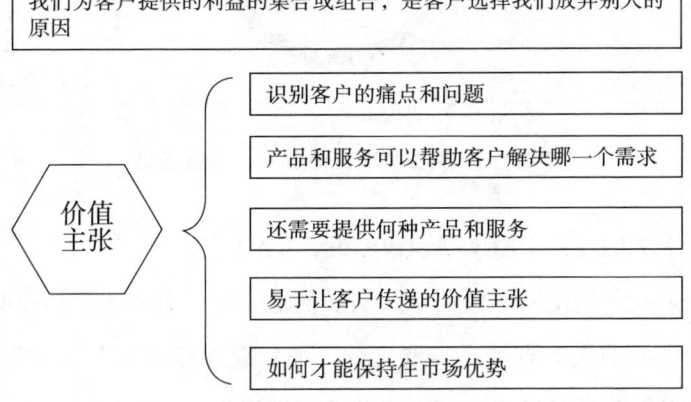

图1-9　商业模式九维画布：价值主张

以上三点构成了业务定位，通过具体的描述，就能看出企业的人货匹配是否合理。

2. 业务系统

（1）渠道通路（Channels，CH）

当前通过什么渠道触达顾客？比如，大家都在做直播，公司是否用矩阵号触达顾客？有线下店的公司，是不是又开了商场店增加顾客触达量？是否有快闪店？有很多渠道都可以触达顾客，哪些我们当前还没有着手去操作？

绘制渠道通路维度时，可借鉴的表达逻辑如图1-10所示。

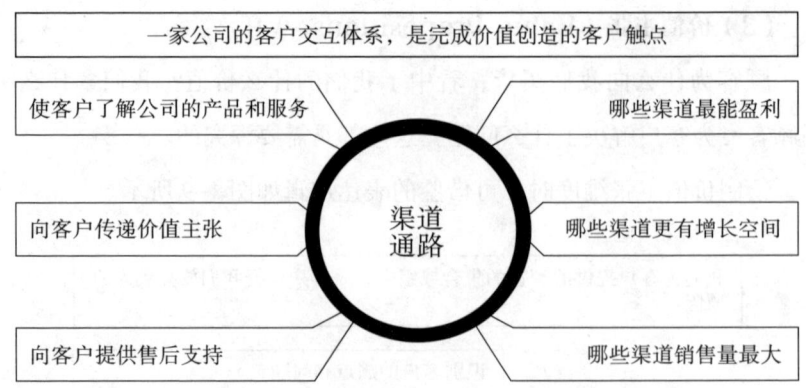

图1-10　商业模式九维画布：渠道通路

（2）关键业务（Key Activities，KA）

为了业务定位能够做起来，实现价值主张，有哪些事情是必须做的？如当前的线上直播是需要做的，那就要在相关平台搭建直播间，有主播进行货品的销售。或者当前公司不做直播，主要做线下VIP推荐购物，就要求有专业的着装顾问对顾客进行一对一的服务，这时还要思考如何优化这些业务，为顾客提供更好的服务。

绘制关键业务维度时，可借鉴的表达逻辑如图1-11所示。

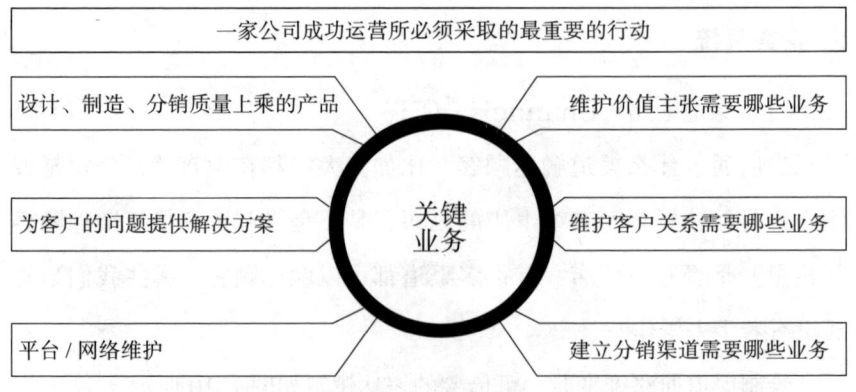

图1-11　商业模式九维画布：关键业务

(3) 核心资源（Key Resources，KR）

为了让关键业务正常运转，必须拥有哪些核心资源？最重要的要素是什么？例如直播可能需要有颜值高、口才好的人做主播，货品也不能太差；线下实体店铺的核心资源则是好的商铺位置、核心商圈、优秀的店长、成熟的导购、独特的装修风格等。同时还要思考如何获得这些资源。

绘制核心资源维度时，可借鉴的表达逻辑如图1-12所示。

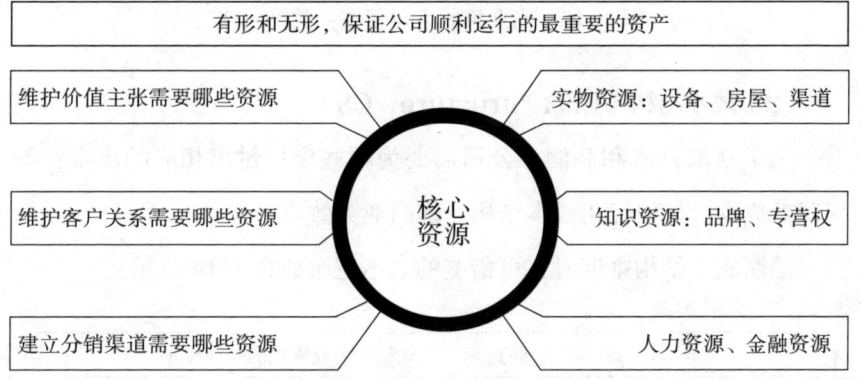

图1-12　商业模式九维画布：核心资源

3. 交易系统

(1) 关键伙伴（Key Partnerships，KP）

为了持续拥有核心资源，顺利运转关键业务，必须与谁合作？合作伙伴的角色是什么？供应商的产品品质是否符合我们的标准？如何对合作伙伴进行管理？为了让合作伙伴可以长期合作，要如何设计盈利和分配方式，让大家都有钱可赚？

绘制关键伙伴维度时，可借鉴的表达逻辑如图1-13所示。

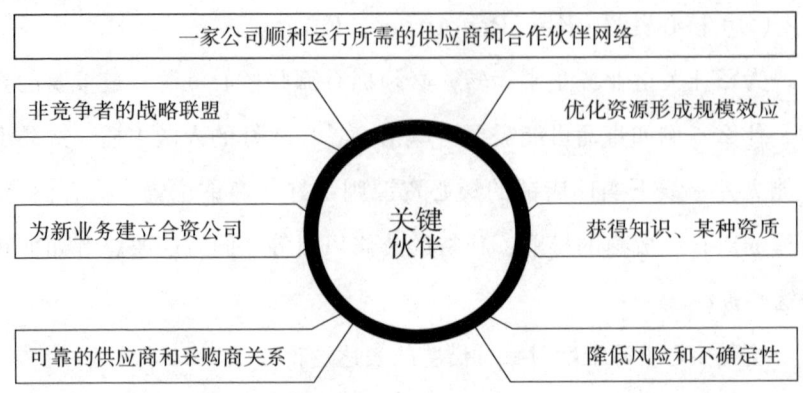

图 1-13　商业模式九维画布：关键伙伴

（2）成本结构（Cost Structure，CS）

为了获取营收和利润，公司需要为哪些项目付出相应的成本？如何降低成本？如何优化成本结构，提高业务效益？

绘制成本结构维度时，可借鉴的表达逻辑如图 1-14 所示。

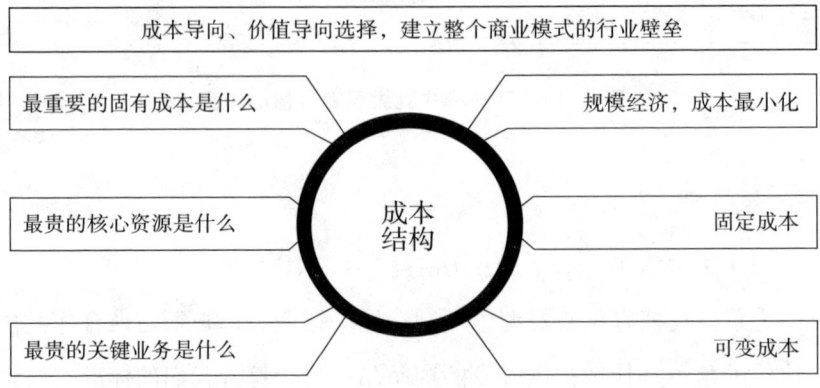

图 1-14　商业模式九维画布：成本结构

（3）收入来源（Revenue Streams，RS）

公司通过什么样的方式来交易？从哪里获取营业收入？定价策略

第一章 九大维度描绘商业模式

是什么？如何增加收益？

绘制收入来源维度时，可借鉴的表达逻辑如图 1-15 所示。

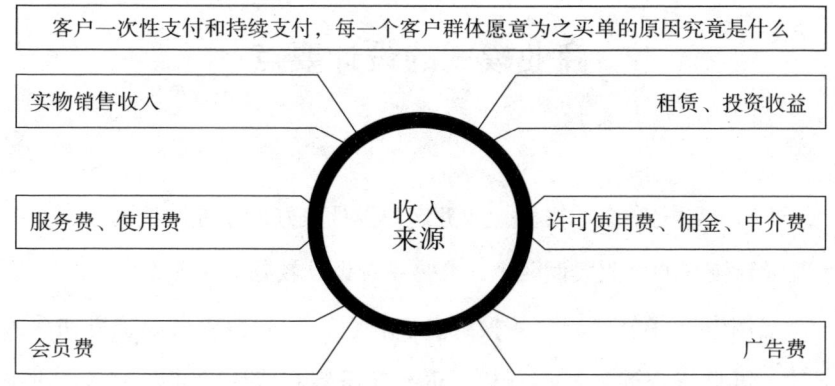

图 1-15　商业模式九维画布：收入来源

将本公司与对标企业的商业模式画布对比，用商业模式的三个层次和九个维度赋予公司经营的完整逻辑，对今后的商业模式创新大有裨益。

---------| 实践要点 |---------

1. 让管委会每个成员都画一幅公司当前的商业模式图。将每个人的商业模式画布放在一起，比较异同，大家互相切磋。

2. 画出对标企业的商业模式画布，分析它们的商业模式特点。对于可借鉴之处，要细心讨论是否能为我所用。

3. 讨论要有发言规则，包括陈述时间、方式、争议话题处理办法等，并且不能打断别人的发言。

商业模式的设计要点

本节介绍七个企业案例，业务定位设计较好的企业案例两个，业务系统设计较好的企业案例两个，交易系统设计较好的企业案例三个。

案例中这些公司的商业模式各有特色，管委会成员如想更加深入解读，可自行查询，补充资料，再一起研判其背后的商业逻辑，讨论可否将之运用在自己的公司中。

业务定位的创新设计

企业的业务定位由资源能力池决定，资源能力也包括对核心资源进行重新组合的能力、探索全新的变现产品和服务内容的能力、寻找最佳的人货匹配的能力、挖掘高价值产品的能力。

好的业务定位设计有三个特点：基数大、频次高、可感知价值高。

例如，某企业要设计一款驾驶员鞋。中国当前全国机动车保有量达 4.35 亿辆，其中汽车 3.36 亿辆；机动车驾驶人达 5.23 亿人，其中汽车驾驶人 4.86 亿人。[1] 这个基数很大。购买频次怎么样呢？正常情况下，一双鞋是可以穿好几年，购买频次不会太高。感知价值方面会很高吗？其实也不高。因为当前大多数的运动鞋都可以满足驾驶需求。

---

[1] 中国政府网 2023 年数据。

第一章 九大维度描绘商业模式

请问，这款驾驶鞋的业务定位有前途吗？

再以优衣库为例，其服装大部分款式是基础款，可用人群覆盖面广，基数够大。其顾客每年都会产生3~4次复购，购买频次高。其产品面料品质都中等偏上，价格却中等偏下，且穿着舒服、款式百搭，顾客的感知价值高。因此，它就属于有好的业务定位。

那么，什么时候要调整业务定位设计？

最佳时机是行业竞争开始加剧，公司的营收和利润空间逐渐变小之时，这时公司的生意还没有触底，有资金、有人才、有门店，应该马上调整业务定位。中等时机是市场空间急剧缩小，营收和利润双向下滑时，这时要立刻寻找新的市场。此外，有的公司业务定位不成熟，用户没有培养起来，产品推广不成功，这时就要进行二次定位设计。

案例 1-1

某鞋业公司采用 SPA[①] 模式。其公司情况如下：买手月度采购；供应商集中在浙江温州和福建；有50~80家门店，直营为主，小部分加盟。

推荐本案例的原因是，客户细分与产品定位匹配得十分精准（见图 1-16）。

品牌定位在三、四、五线城市，开始时也在一、二线城市进行过尝试，在两个市场各做了一盘货，但由于一、二线市场产品的价格、风格定位和消费者不匹配，市场同质化商品太多，竞争惨烈，导致货品在一、二线城市销售得不好。在三、四、五线城市的业绩却节节攀升。所以公司经过业务定位诊断，决定放弃一、二线市场，深耕三、四、五线市场。

[①] SPA，自有品牌专业零售商经营模式（Specialty retailer of Private label Apparel），美国服装巨头 GAP 公司为定义公司的新业务体制，在1986年公司年度报告中提出，是一种把商品策划、制造和零售整合起来的垂直整合型销售形式。

关键伙伴	关键业务	价值主张	客户关系	客户细分
1. 关键供应商 2. 第三方物流 3. 天猫 4. 消费者 5. 拓展人员	1. 门店销售 2. 线上销售 3. 洗鞋服务 **核心资源** 1. 员工能力（星级导购） 2. 每家店1000个VIP 3. 合作店长（内部合伙人） 4. 极致单品运营管理（季末售罄率95%以上）	1. 所穿即所爱 2. 性价比高 3. 享受美好生活 4. 物美价廉好产品 5. 工作生活必不可少	1. 洗鞋、擦鞋服务 2. 强化现场服务（热情周到） 3. 复购率达两次以上 4. 赢得客户信任 5. 商品穿着场合推荐 6. 新办会员无1000元，送一双鞋，享九五折优惠 **渠道通路** 线下： 1. 原有区域深挖 2. 苏南镇区（选择重点开发区域县镇） 3. 模式：直营、联营 线上：天猫旗舰店、视频号直播	核心客群： 1. 三、四、五线城市 2. 30~45岁工薪阶层女性，月薪3000~5000元 3. 宝妈，要求舒适性高 4. 中偏低价格需求客群 次核心客群： 听家长话的学生 边缘客群： 1. 年长男性：简单舒适（女性客户的父辈） 2. 大城市回流人群：18~25岁
成本结构 1. 货品 2. 人员 3. 物流 4. 租金+装修+店铺费用			**收入来源** 1. 店面销售 2. 线上销售	

图1-16 鞋业SPA自有品牌商业模式画布

这个品牌主要针对30~45岁的女性工薪族，这一年龄段的女性其中一部分还是宝妈，对于商品舒适度要求高。所以品牌的破局点很清晰，就是聚焦于"舒适"，将这两个字做到极致——"同样价格的产品中我的产品最舒适，同样舒适的情况下我的产品最便宜"，这个模式就走通了。

避免与一、二线城市的品牌打消耗战，在三、四、五线城市广开门店，因为拥有优质的供应链，货品的品质在同价位中是处于上等的，这也让顾客体会到了货品的高性价比。既便宜又舒适的产品深受顾客喜欢，复购频次得到了保证。

在维护客户关系方面，大胆采用免费洗擦服务，进一步提升了复购率。现场人员的服务热情周到，可以提高顾客对于导购的信任程度。新办会员一般是充值1000元赠送鞋子一双，购买享受九五折优惠，这样客户关系就得到了很好的维护。

在价值主张上，一直紧抓"舒适""高性价比""物美价廉好产品""生活工作必不可少"等关键词。

这个业务定位的案例告诉我们，要学会做减法，不是强项就不要强求，要在自己专业能力强的领域进行深耕，将顾客认可的事做到极致，彰显业务定位的与众不同。

案例1-2

拇指白小T（以下简称"白小T"）是拇指衣橱（浙江）服装科技有限公司旗下打造的IP化T恤品牌，于2019年5月正式上线。在2020年，白小T全网曝光7亿次，卖出T恤100万件，营收超1亿元。2021年，全年销售额近8亿元，为腾讯、天猫、京东、抖音等电商平台的类目第一。2022年销售额较2021年同比增长了33%。截至2022

关键伙伴	关键业务	价值主张	客户关系	客户细分
1. 微盟 2. 私域流量矩阵 3. 微信、腾讯、抖音、阿里、京东	1. 公众号＋小程序商城推送爆新品 2. 名人推荐种草 3. 抖音、微信广告定向投放，货找人 4. 短视频营销 5. 爆品、搭售、复购、易景四位一体	1. 一家科技公司 2. 过硬品质，助推国货崛起 3. 让男人轻松起来 4. 300天不受体形限制的白小T 5. 换上白小T，找回简单的自己 6. 好T恤就穿白小T 7. 简约、舒适、高品质 8. 荷叶膜防油科技、木盒包装 9. 让高科技重新定义服装 10. 高质低价的核心策略，奢侈品的面料工艺标准	1. 微信一对一解决用户问题 2. 简单真实，回归本质 3. 让用户花十分之一的价格穿大牌 4. 用户为先，体验为王、平台为本 5. 私域客服、售后服务感同身受 6. 消费者产品实测和反馈 7. 引导版型重塑、面料升级以及技术迭代	1. 一、二线城市 2. 30-45岁精英商务男 3. 2021年下探年轻人群体
	核心资源		渠道通路	
	1. 180人运营团队，抖音第一男装，T恤品类代名词 2. 采集6万个真实用户身材数据，人体工学制版，定价100~200元 3. 品类高科技、高颜值、高品质、高社交货币 4. 100%新疆阿克苏长绒棉、液氨浴炼工艺、两针明线、精密缝合（已经发展到四代） 5. 与宁波江北区政府联合成立木星实验室、专利材料研发		1. 公私域组合，全链路获客营销 2. 30万私域用户反哺产品研发，触达消费者 3. 抖音、公众号、视频号、私域社群、微信朋友圈、小程序商城联动引流收割，完成交易闭环 4. 线下体验中心	
成本结构			收入来源	
1. 广告 2. 供应链 3. 人员			1. 抖音短视频公域和微信私域 2. 各大平台产品销售	

图1-17 拇指白小T商业模式画布

年底，付费用户600万，复购率达36.74%。2022年1月，白小T首家体验店落地宁波。

推荐本案例的原因是，白小T的价值主张满足了顾客的期望（见前页图1-17）。

2019年，白小T凭借短视频出圈，在很短的时间内实现两轮融资，一条短视频可以撬动5500万元的销售额，年销售额十几亿元，可以说呈指数级增长。

使用"白小T"这个名字，本意是在顾客心目中营造某一品类的定义。比如，你想到巴宝莉，就会想到风衣；想到CK，就会想到内裤；想到波司登，就会想到羽绒服。在此之前，T恤这个市场规模大概为1000亿元到2000亿元的品类，在国内没有主导品牌。让人们想到T恤就想到白小T，想到白小T就能关联到T恤，这是白小T的终极目标。

白小T号称"高质低价基础爆款"，其产品面料、工艺对标奢侈品牌，同时科技感十足，具有"三防"（防水、防油、防污）功效，始终坚持品质如一的用户承诺，但价格是老百姓买得起的。

既然定位为科技型的服装企业，其产品理念对整个服装行业的发展都是具有前瞻性的。2022年，白小T与宁波江北区政府联合成立木星实验室，该实验室主要做材料研发，把一些科学成果进行商业化落地，更好地应用到纺织服装行业。截至目前，白小T在面料和包装方面取得了一些专利，包括领插片专利、纽扣专利和领口双针链条线专利。

白小T也在扩大自己的客户群体，之前锁定30~45岁的精英男士，现在也有女士产品，同时它想把年龄圈层下扩到年轻人，那自然要考虑年轻人的穿着、洗衣习惯。

科技改变穿衣习惯，可以为顾客带来什么样的价值，就是白小T最亮眼的地方。

> **实践要点**

1. 顾客有哪些痛点？通过什么产品和服务吸引顾客？这是学习案例的重点。

2. 案例中公司的价值主张是怎么想到的，要深挖他们的发心和动机。

3. 公司需要什么样的客户关系？如何维系热度？这需要营运部重点关注。

业务系统的创新设计

每个企业的经营理念、专业能力、做事偏好不一样，就算有同样的业务定位，也会造就不同的业务系统。

业务系统如果效率低，会严重影响价值表达和利益获取。好的业务系统，分工效率高，交易成本低，工作效率高，信息化与自动化程度高。

案例 1-3

某公司成立于2014年，其自有品牌深耕社区，一开始主营鞋品，之后逐步增加了服装品类，采用时尚大众生活连锁经营模式，以社区直营店为主，经营理念是"好衣配好鞋"。核心客群年龄在15~35岁之间。

推荐本案例的原因是，它的业务系统非常优秀，用增值服务来吸引消费者，还会提供免费的服务，顾客每年可以复购2~4次（见图1-18）。它具有成熟买手团队，让货品可以满足消费者需求，在产品方面不求

关键伙伴	关键业务	价值主张	客户关系	客户细分
1. 具备研发能力的中大型工厂 2. 当地品类批发商 3. 物流公司 4. 门店陈列服务机构	1. 主推会员充值锁客 2. 会员权益价值塑造：礼品精选，每两个月更新 3. 7天无理由退换 4. 极致爆单品打造（袜子、内裤、拖鞋） 5. 品牌形象打造，广告图文制作 6. 团队持续学习中华文化，注重员工心灵建设	1. 好衣配好鞋 2. 时尚，高品质，高性价比的产品 3. 让购物变得简单、快乐，无后顾之忧 4. 一双舒适健康的好鞋 5. 做出打动人心、格厚道的好产品，价客户成为真正的朋友 6. 文化赋予产品向上，向善的精神和力量 7. 中华文化，润泽心田	1. 会员深度运营，每年复购2~4次 2. 全方位的增值服务：家庭幸福课程转播，每周特惠品引流，免费服务 3. 总经理直达号：第一时间解决客户意见和问题 4. 质量问题客户说了算，维修问题限时3天（72小时）内修好并通知客户，做到客户满意度100%	核心客户： 1. 五、六线城市，小镇 2. 15~35岁 3. 追求品质、时尚舒适的年轻消费者 次核心客户： 1. 35-45岁小镇中年人，注重品质 2. 老年女性（女鞋，可选支长辈）
	核心资源		渠道通路	
	1. 专业的商品采购人机制 2. 内部合伙人机制 3. 线下店铺积累的VIP客户 4. 门店及员工团队 5. VIP信息管理系统		1. 线下街铺 2. 公众号+线上微商城（打通ERP系统） 3. 门店直播（持续秒杀）	
成本结构			收入来源	
1. 产品成本 2. 门店租金 3. 装修成本 4. 人员工资			1. 店销售收入 2. 线上朋友圈销售	

图1-18 某时尚零售连锁社区店商业模式画布

应有尽有，但做到了投其所好，这是"好衣配好鞋"价值主张的基础。

在关键业务方面，公司采用极致单品打造方式，进行货品的波段上市管理，对单品做到快速反应，每款商品都提前设定销售周期，通过这种方式实现门店产品的快速更新。其内部推行先进先清，可做到当季售尽（即6个月卖完一盘货），很好地控制了超期销售，减少了低价清库存行为，稳定了毛利率。

公司当前鞋与服装比重是1:1，品种丰富，快速迭代。同时公司还要求门店做到7天无理由退货，进而提升消费者对门店的满意度。

在核心资源方面，公司内部采用合伙人机制，同时加强VIP管理，门店配备了VIP管理系统，对VIP顾客进行深度管理，运用VIP用户标签，充分了解顾客需求，这是公司发展的关键。

在渠道通路方面，当前也已经进入直播带货的赛道，开通门店直播，进行私域运营维护。线上直播也会成为其另外一种客户维护的方式，让顾客更紧密地与门店绑定，实现公司的长期、良性发展。

综上，该公司秉持"好衣配好鞋"的理念，配合商品波段上市、极致单品管理、当季售尽等原则，保证了经营高效与高收益。关键业务对门店复购率提供了很大的帮助，公司一直保持较为良性的发展。

案例1-4

孩子王，成立于2009年，立足于为准妈妈及0~14岁儿童提供一站式成长服务。孩子王深入挖掘客户关系，以"商品＋服务＋社交"的模式，开创以客户关系为核心资产的运营方式，大力发展全渠道战略，始终致力于优化中国儿童生活方式，成为中国家庭的全渠道服务平台（见图1-19）。

第一章 九大维度描绘商业模式

关键伙伴	关键业务	价值主张	客户关系	客户细分
1. 产品供应商 2. 儿童理发 3. 早教机构	成长健康＋快乐教育： 门店互动、奶粉卡、上门服务、每周三次育儿课堂、30~45岁妈妈后援团配送和辅导、顾客座谈会、员工服务五星评价（用户评分说了算）	1. 科技力量＋人性化服务，爱孩子、爱朋友、爱生活 2. 育儿成长、社交互动，经营客户关系 3. 以会员为中心的全渠道经营，为会员提供全方位的优质服务 4. 成为中国消费者选购母婴商品和服务的首选	1. 重度会员模式 2. 母婴商品一站式购物 3. 提供全方位增值服务 4. 育儿顾问与新手妈妈是知己关系 5. 黑金付费会员（2%返现、七大特权）	1. 聚焦孕期准妈妈 2. 满足0~14岁婴童家庭各项所需 3. 中档消费，线上线下结合
	核心资源		渠道通路	
	1107万会员专门档案、6000名双证育儿顾问一对一、妈妈学院、商品组合、儿童游乐、母婴童服务、金融产品、社群互动服务		全渠道：全国500连锁门店+直购手册+电子商务线下大店、移动App妈咪社、微商城、网上商城	
成本结构			收入来源	
销售产品采购成本、游乐设施建设成本、场地费用			会员收费、商品销售、增值服务、会议营销供应商费、冠名广告收入、保险销售服务费	

图 1-19 孩子王商业模式画布

2010年，孩子王提出独有的育儿服务品牌——"育儿顾问"。2015年，在"互联网+"背景下，推出线下线上全渠道战略布局，并上线第一版官方App商城。2016年，挂牌新三板，市值达到140亿元。2017年，在全球新零售业态崛起的大势下，孩子王全新第六代智慧门店诞生。2021年10月14日，登陆深交所创业板。

孩子王是一家数据驱动的、基于客户关系经营的创新型家庭全渠道服务平台，是中国母婴童商品零售与增值服务的品牌。2023年前三季度营收63.47亿元，归属母公司净利润1.17亿元。

推荐本案例的原因是，孩子王采用重度会员模式圈粉，通过"科技力量+人性化服务"，为会员提供一站式商品解决方案、育儿成长服务及社交互动。其以会员为中心，提供大型实体门店、移动端App等全渠道购物体验，同时有育儿顾问随时、随地、实名、贴切地为会员提供差异化的商品和服务。

"育儿顾问"是孩子王的专业育儿服务。孩子王全国门店配备具有国家育婴师资质的育儿顾问，育儿顾问身兼三重角色——营养师、母婴护理师、儿童成长培训师，打造独特的服务模式——提供套餐+解决方案+虚拟产品（专业的知识+情感的交互），为会员家庭实时提供孕养及育儿方面的各项服务。

孩子王建立了自己的移动App妈咪社，同时打通天猫、京东、微信小程序及线上商城等线上渠道，随着视频号的兴起，又增加了育儿专家直播服务，针对消费者的某些问题进行深度解答。

母婴童这个行业有个非常明显的特点：对6岁以下的孩子，衣食住行要进行强计划管理。孩子多大时应该吃辅食？吃什么？吃多少？如何吃？什么时候需要将奶粉从一段换到二段，再换到三段？……新手家长们有太多的问题，而这一切其实都可以提前进行规划。孩子王解决了这些问题，通过线上直播或者线下门店对新手家长进行培训，不仅做好了销售，也为顾客提供了增值服务。

孩子王当前注册会员超1千万，这是它的核心资源，如何将这些资源运作起来，实现变现呢？

推出会员黑金卡，198元/年。当前企业黑金卡会员超过76万人，其服务类收入占营收16%以上，服务的毛利率高于90%，这里面包含黑金卡会员费用、育儿专家一对一咨询服务费、儿童乐园和妈妈学院等付费项目的费用。

推出"奶粉卡"，按照孩子的年龄去计算奶粉的使用量，有专门的送货上门服务。这项服务由30~45岁的宝妈组成的后援团提供，这些后援团成员不仅负责商品配送，还可以和消费者谈心，有助于解决消费者产后焦虑的问题。

开办顾客座谈会，对员工的服务进行评价，通过用户的评分来衡量服务的好坏。

综上，孩子王通过一整套业务体系为黑金卡等收费项目提供优质服务，被顾客接受并喜欢。

值得一提的还有，孩子王的育儿专家都是持证上岗，需要通过国家统一的资质考试，是有含金量的。对于顾客而言，其信任度大大提升。所以这也是孩子王的核心资源之一，既满足了企业的业绩需求，又提升了顾客的满意程度，并且使顾客产生了转介绍行为。

当前很多企业也有自己的着装顾问、搭配专家，但你会发现这些人不够专业，还是做着普通导购的工作。怎么改变？首先是专业方面：颜色究竟该如何进行搭配？款式搭配到一起会呈现什么样的效果？我们做的搭配顾客会认同吗？其次，对于顾客的了解程度怎么样？顾客

的衣橱都有哪些衣服？还需要补充什么款式？哪些衣服要淘汰更换新款式？哪些款式的衣服下个月要穿了衣橱中还没有？这些问题都需要我们用心思考。要学习孩子王，把顾客当作朋友，琢磨透彻我们可以给他们什么，他们才会信任我们，不断复购。

―――――――――――――| 实践要点 |―――――――――――――

1. 对公司业务系统的七个环节进行归类。

2. 找出已经失效的营销方法。

3. 梳理公司的资源，包括技术、人、资金等，锁定关键资源。

4. 关键业务需要好点子，需要突破口。看到其他公司的关键业务很给力，感觉我们的简简单单，大家会产生焦虑，这时要回到原点，探讨"顾客希望在我们这里得到什么"，激发大家的创造力。

交易系统的创新设计

好的交易系统解决的是"事有人干"的问题。企业的人员分配要合理到位，才能留下能够合作的、充满激情的、工作效率高的合作伙伴。

案例 1-5

戎美股份（以下简称"戎美"），创业板上市公司，淘系起家，号称"淘系女装第一股"。其理念是紧贴全球时尚潮流，打造柔性供应链，实现小订单、快反应（见图 1-20）。2023 年前三季度整体营收 5.21 亿元，归属母公司净利润 0.63 亿元，加价倍率（持值零售价÷出厂成本价）仅为 2 倍。

关键伙伴	关键业务	价值主张	客户关系	客户细分
1. 外协生产为主，自主生产为辅 2. 互联网平台 3. 自有的时装工厂	1. 以产品为单位形成产品小组，企划团队与各业务条线持续沟通 2. 服装设计企划、线上门店运营和供应链管理 3. 每周三次的高上新频率 4. 企划环节对高端服装市场与潮流趋势进行分析与调研	1. 通过互联网渠道为消费者提供高品质、高性价比的服饰 2. 戎美是性价比高端品牌 （1）高端：主要面料棉、麻、丝，毛纺比部分奢侈品牌用料还贵 （2）平价：大奢品牌售价10 000元，戎美售价两三千元，这就是"高性价比+跑量"	1. 以图文、短视频、直播等多媒体形式展示与推荐商品 2. 累计消费5000元即成为店铺会员，累计消费金额高于10 000元，可申请加入公司店铺淘宝群 3. 粉丝数量超过500万，门店好评率超过99.9%	1. 粉丝主要分布于华东、华北等地区，人口较多、经济较为发达地区 2. 年龄31~50岁 3. 平均售价为300~360元，年度消费金额400元以上的客户已超过30万人
	核心资源		渠道通路	
	1. 低倍率品牌毛利低 2. 柔性供应链体系，快反应的互联网新零售模式 3. 平均每年售产品SPU近4000款 4. 信息管理系统、商品结算系统、供应商结算管理系统		1. 戎美淘宝五金冠店、戎美折扣天猫店 2. 淘宝、天猫平台渠道具有较高的集中度 3. 用垂直化的销售模式，免去了中间环节	
成本结构			收入来源	
直通车、钻展、超级推荐、淘宝客佣金、淘金币、淘宝超级直播、极速推、品牌专区、人员场地费用			商品销售、增值服务	

图1-20 戎美高端女装商业模式画布

推荐本案例的原因是，成本结构和收入来源设计精妙。

戎美是国内女装电商A股创业板上市第一家，在2021年10月完成上市。其上市报告中，2018年至2022年的营收分别为7.04亿元、6.94亿元、8.51亿元、8.72亿元和9.48亿元，复合增长率6.15%；分别实现净利润1亿元、1.10亿元、1.62亿元、1.63亿元、1.67亿元，公司主营业务总体保持增长，盈利能力逐年增强。

高品质、高性价比，是戎美的基因。相对高端的面料，平易近人的价格，以跑量为主，完全体现出品牌的高性价比。其主要合作伙伴是生产商，也有自建工厂，还有外协单位，一直采用"小批量、定制化及快速响应为特点的供应链体系"。

在成本结构方面，2018年至2020年，戎美主要通过电商平台推广等方式进行品牌推广。作为一个淘系女装品牌，戎美营销费用逐年上升。2020年其推广费用合计7896.10万元，其中用于淘宝的费用为7282.08万元，占总推广费用的92.20%。招股书解释，这些费用用于超级推荐、淘宝客佣金、直通车、钻展，以及新增的淘金币、超级直播、极速推和品牌专区推广方式。戎美基本上运用了当前淘宝所有的推广形式。

戎美也充分体现了线上服装企业的"快"。戎美平均每年销售产品的SPU（标准化产品单元，不包含颜色、尺码）约4000款，企划设计以周为单位滚动，能做到一周上新三次，且根据前期销售情况不断调整生产计划。

当前很多企业都打算做快反模式，小量进货，快速翻单，形成小库存小步快跑的盈利模式。这种盈利模式特别依靠供应链的支持，也要求商品企划团队以周为单元进行企划，而商品形成爆款需要布局、试销、反馈、改版、再试销、反馈、加量一系列动作来完成。

这一点，戎美通过自己的店铺矩阵做到了。戎美当前在淘宝的几个店铺构成了销售矩阵。这些店铺是有不同功能的。当前系统流量有限，所以把产品打散，在各个店中都铺开，在一个店卖得好，马上优化配置，在其他店也推广这款产品。当前也开始布局线下，力求打通全渠道。

案例 1-6

海澜之家，主要采用连锁零售的模式，店铺数 7841 家。2014 年 4 月 11 日，海澜之家登陆 A 股市场。

推荐本案例的原因是，成本结构设计十分优秀（见图 1-21）。

关键伙伴	关键业务	价值主张	客户关系	客户细分
联营模式的供应商	供应链整合品牌管理	男士着装整体解决方案	男人的衣柜全家的衣柜	核心群体：25~45 岁都市白领男士
	核心资源		渠道通路	
	品牌、流量		托管式加盟标准化经营	
成本结构			收入来源	
预付货款			加盟费、利润分成	

图 1-21　海澜之家商业模式画布

海澜之家的加盟商不参与门店管理，上游自己没有工厂和设计师。公司有设计审核挑选机制，评估后再下订单。

海澜之家的成本结构采用低比例预付货款的轻资产模式：外包生产和部分渠道，重点放在品牌运营、门店、供应链管理上；货品入库支付 30% 货款，后续逐月按实际销量结算；滞销可退货。

海澜之家的收入来源为加盟费和利润分成。加盟商需交200万元资金，100万货品押金，100万元租金、装修、水电物业（5年后归还），每年固定交6万元管理费。公司与加盟商按比例分配营业收入。

当前的商业模式设计，要考虑将成本降到最低，建立行业壁垒，收入来源不能仅仅考虑衣服销售，还要有其他的业务进行补充。深度思考要抓住哪些核心伙伴、他们能带来哪些帮助等问题。如果是零售商，则还要考虑消费者一次性支付和持续支付的是什么，需要怎么针对两者进行设计，消费者买单的底层逻辑是什么，等等。

---------| 实践要点 |---------

1. 找出公司交易系统的障碍点，结合案例想一下，针对交易系统障碍点可以做什么？

2. 让每个管委会成员讲一下公司当前的商业模式，就像对投资人描述公司有何投资价值那样。要求把三个层次、九个经营维度叙述完整，目的是统一大家对公司商业模式现状的认知。

3. 和大家一起讨论是否要调整下一年的商业模式，目的是鼓舞士气。对于成员的新想法，哪怕不合实际也不要急于否定，要耐心地倾听他的思考过程，找出他灵感的源泉。

商业模式的升级迭代

调整商业模式不是一次就能完成的,它由三个阶段构成:当前呈现—操盘创建—验证迭代(见图1-22)。

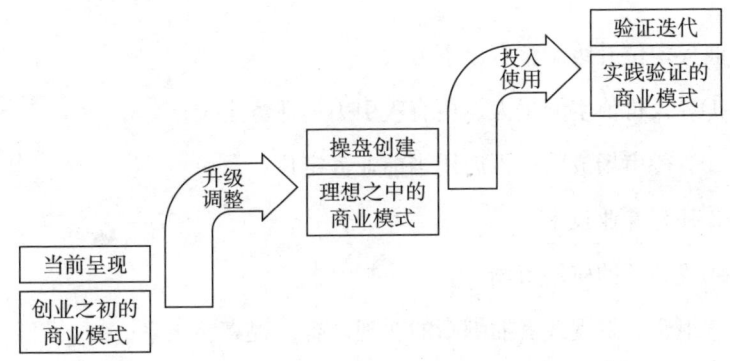

图1-22 调整商业模式的三个阶段

第一个阶段工作,画出公司当前的商业模式。

第二个阶段工作,根据公司经营需要,对当前的商业模式做一次升级调整,形成理想商业模式。

第三个阶段工作,将理想商业模式投入使用,根据环境变化做一些小调整,再观察经营效果,这叫验证商业模式。

当今时代,一切都在快速变化,商业模式投入使用后,大家就一起静待好结果,这种做法是特别危险的。如果没有人跟踪企业经营的九个维度的变化,发现问题也不主动寻求改变,那么商业模式的创建—验证就循环不起来，老化失效就会随之而来。

呈现—创建—验证这三个阶段构成一次循环，第二年再做年度经营计划时，这个过程会再循环一次。这样就能保证商业模式不断升级迭代，把公司变成"时代的企业"。

画出公司当前的商业模式后，接下来就要对其三个层级、九个经营维度进行排障升级，创建理想的商业模式。

业务定位的排障升级

业务定位升级调整有以下方式：
①寻找价值空间更大、更有吸引力的业务定位；
②等待市场成熟，再启用当前业务定位；
③补充专业技术；
④找到新的应用市场；
⑤组合、发现或者捆绑新的变现内容，提高转化率；
⑥组建不同的业务小组。

案例1-7

品牌零售商，期货制，连锁经营模式，有商场店、地铺店，经营中高端女装。

在本案例中，企业是做高端品牌代理的，主要客户群体是高消费水平的女性，价值主张是让女性生活得更加自信、有活力。为了实现这个定位，其在人员配置这个板块专门设置了专业着装顾问，对VIP顾客提供一对一服务，做衣橱管理，门店提供VIP专属试衣间，还为VIP顾客提供送机、照顾宠物等服务。综上，企业业务定位已经明确：

成熟女性、高端、自信，配备专业着装顾问（见表1–1）。

表1-1　品牌零售商排障升级

工作步骤	说明建议	当前经营方式
客户细分诊断	正在和希望服务于哪一个客群	成熟的女性，消费水平比较高
客户关系诊断	给客户什么服务体验和交互关系	着装顾问、搭配专家、衣橱管理、VIP至尊专享
价值主张诊断	独一无二的价值，让人记住的特色	让女性更加有自信，生活得更加有活力
渠道通路诊断	在何处与客户建立有吸引力的触点	线下实体店50+、朋友圈、直播推荐+社群
关键业务诊断	运营必须做的事和要开展的业务	VIP维护、新品推荐、连带销售、储值卡、营销活动
核心资源诊断	保证模式顺利运行最重要的资源和能力	优质门店、专业店员、管理店长、专业买手、策划
关键伙伴诊断	合作单位优化形成规模效应	品牌公司、物流、合伙人
成本结构诊断	重要的固有成本，分配与盈利方式	采购、费用支出、分红
收入来源诊断	客户一次性支付和持续支付设计方案	店面销售、储值、返利

当前企业面临的障碍有：企业的头部VIP顾客逐渐流失，复购率降低，客单价降低，顾客购买的平均折扣降低，成交单数萎缩。

以下为针对这个业务定位的破局点和具体方案。

为用户画像，选择服务群体：对于现在经营中高端男女装的企业，这点是很重要的。企业当前是否有顾客标签，需要从以下三项进行分析：人口属性、产品偏好和行为习惯。人口属性包括顾客的身高、年龄、家庭情况等，以及当前哪些顾客是主力客群，哪些顾客可以逐渐转变为主力客群，哪些顾客已经不购买了。产品偏好如顾客主要偏好哪些产品，哪些产品已经不能打动顾客了。行为习惯如哪些顾客开季就来购买，哪些顾客季中来购买，哪些顾客是打折促销时购买，哪些顾客会在节假日购买。对于线上经营来说，通过对消费者浏览、点击、收藏、加购等习惯进行分析，可将其进行等级划分，按照其活跃度的高、中、低水平制定不同的对策。

用户产品偏好驱动精准买货： 通过用户画像分析，可以清晰地知道哪些顾客已经和你说再见了，哪些顾客是你需要重点服务的核心群体。企业要为这些核心顾客做专门的订货计划，通过用户产品偏好推进精准采购，就是一个破局点。对于一些低活跃度的顾客，要实施"拯救计划"，对其进行激活。当然，当前的重点还是要服务好核心顾客。

直播新品搭配推荐： 这里推荐的不只局限于新品，当前销售比较好的产品、顾客整体反应很满意的某款搭配等，都可以在直播过程中做推荐，甚至将其宣传为本周的主打产品、黄金搭配，这样也可以提升连带率，提高主打产品搭配款的销量。这样不仅服务了顾客，也增加了企业营收。

试穿时间达标有豪礼： 在有的门店，顾客试穿某些服饰达到一定的标准之后，门店会产生记录，同时给予该顾客这款商品的试穿折扣或者赠送一个礼品。例如要求试穿15分钟，达标就可以按照试穿折扣价格购买，未达到就只能按照原价购买。这样做的原因在于，增加顾客的试穿时长有助于增加成交的机会。这个方法主要是为了增加顾客到店停留时间，同时要记录顾客对商品的反馈评价。

一对一着装顾问： VIP顾客专享形象设计与穿衣搭配服务。

会员制送货后付： 先将适合VIP顾客的货品按照经验搭配多套组合，通过专人、快递或者跑腿服务送到顾客家中，顾客喜欢就留下付款，不喜欢就再取回来。

VIP尊享直播间： 专门为VIP顾客进行私域直播。针对平时穿搭风格近似的几位顾客开设直播间，专门为她们设计一些搭配，这些服饰都是她们喜欢且衣橱中缺少的，进而带动消费。

线上新品发布会：通过私域直播方式，定向对部分VIP顾客发布新品。

美丽天使试衣权：招募一些忠实的VIP顾客，让其对邮寄收到的新品进行试穿反馈，之后获得积分，积分可以兑换产品券。这样可以给予顾客优惠，推动销量，也可以得到VIP最真实的试穿反馈，进而了解产品的优缺点，方便门店进行销售推广及补货分析。

转介双积分制：顾客转介绍可以获得更多积分赠送。

干洗店+会员服务：让VIP顾客以更低的价格获得洗衣服务。

┤ 实践要点 ├

1. 对于业务定位的升级突破点，可以先选择1~2个，做好后再逐步完成其他的。

2. 公司内部需要建立新的流程机制，以匹配业务定位的变化。

业务系统的排障升级

业务系统升级调整有以下方式：

① 接受新业态；

② 原有业务单一，要引入多业务；

③ 原有场景单一，要引入多服务场景，提供全天候服务；

④ 增加新的角色和工作流，淘汰失效角色；

⑤ 拆分与重组业务结构，有的业务做外包更有效率。

案例 1-8

自有品牌,做快时尚,组货制,实行连锁经营模式,价格便宜是竞争力,线下门店 2000 多家。

在本案例中,企业的消费客群定位为 16~45 岁,年龄跨度大,产品价值主张是体现舒适美观、流行适体、个性张扬、释放自我,用低价打造极致的性价比。公司有 2000 多家门店,店门口放置 19~39 元的时装吸引消费者进店,实行大量销售,较少做降价促销活动(见表 1-2)。

表 1-2 自有品牌排障升级

工作步骤	说明建议	当前经营方式
客户细分诊断	正在和希望服务于哪一个客群	16~45 岁女性,快时尚大众消费
客户关系诊断	给客户什么服务体验和交互关系	打造极致性价比,春夏潮流女装,19~149 元
价值主张诊断	独一无二的价值,让人记住的特色	舒适美观、流行适体、个性张扬、释放自我
渠道通路诊断	在何处与客户建立有吸引力的触点	线下实体店 2000 多家
关键业务诊断	运营必须做的事和要开展的业务	19~39 元时装揽客,连带销售,轻营销活动
核心资源诊断	保证模式顺利运行最重要的资源和能力	设计师、自建工厂、全国物流网络、商品运营中心、联营网络
关键伙伴诊断	合作单位优化形成规模效应	面辅料供应商、加工厂、总代理、联营伙伴
成本结构诊断	重要的固有成本,分配与盈利方式	采购、费用支出、联营分佣、股东分红
收入来源诊断	客户一次性支付和持续支付设计方案	店面销售

核心资源是设计师,拥有自建工厂,建立了全国物流网络运营中

心、商品运营中心，是联营制模式。通常是业绩七三分成或者六四分成，即企业占大头，联营商占小部分，分成按周结算。因为开店成本不高，对导购要求门槛低且企业承担货品库存，所以开店速度极快，三年就拓展出2000家店铺。

当前企业面临的障碍有：同类企业越来越多，竞争加剧；门店流量降低，这也直接造成门店业绩下降。

以下为针对这个业务系统的破局点和具体方案。

进入百货、超市业态：捕捉更多消费群体。

增加童装、男装、情侣装业务：引入多业务。

单店淡场直播引流：现在很多人没有时间逛街，只用碎片时间在线上购物，当前流量在线上而不在线下，只有实体门店一个场景已经无法满足这种消费习惯，需要引入多服务场景，单店直播引流，进行全天候服务。

OFC巡店：2000家门店，不仅要有督导来管理店铺，同时需要设立专门的OFC（经营指导顾问），相当于为门店的经营者安排生意帮手，帮助店主出谋划策，掌握商机。

设置AI形象代言人：以前依赖娱乐明星、体育明星做代言，现在用虚拟人来代言。当前AI技术日趋成熟，虚拟人的呈现逐渐完美，而且不怕有黑料爆出对品牌产生负面影响。

建立专业设计联盟：不能只依靠买版，建议多做原创设计，这样品牌才会有灵魂，才容易产生自己的爆款产品。

密集开店：在一个地区饱和开店，同时建立物流体系，供应本地区门店商品。切记，密集开店的地区一定要建物流仓，没有物流仓的地区不要密集开店。

单店一日多配： 密集开店，在一个省份开 500~1000 家门店，并建立单店一日多配物流体系。

店长日订货： 店长根据门店数据及当前发展情况独立订货，从而提高货品的利用率，减少无效铺货和盲目调拨。

品类规划，提升平效： 平效是衡量一家连锁零售企业经营效率的重要指标，即1平方米可以产出的营业额。要提升平效，就要先做好品类规划。现在很多公司都在研发智能选品软件，超市品牌"便利蜂"，其选品就是由智能系统完成的。

单品保质期管理： 设定单品生命周期时长，每天监控单品库存与销售的比值。

这个案例的业务系统排障升级，难度首先在于 OFC。当前很多公司的督导对盈利是不负责的，而 OFC 是一个新角色，既要对业绩负责，又要对利润负责，还要对库存负责。

其次，要有独立的设计体系，品牌要有自己的设计理念，也就是要有原创概念。没有原创就难有爆款，想通过买别人的款来出爆款，这太难了。当前市场同质化如此严重，你看好的其他公司也看好，这样的款式就会家家都有，不能成为业绩的支柱。

再次，要有自己的供应链，这样才能满足企业的发展需要。

最后，要强化商品运营模式，增加新的角色和工作流程。当前系统中的收入大部分源于线下业态，占 80%~90%，在未来，销售占比要做到线上线下五五分。线上消费符合时下消费者的消费习惯。当前绝大多数消费者已经习惯了线上购物，企业要顺势而为。

——————————┤ **实践要点** ├——————————

1. 要建立新的业务系统，就需要调整原有角色的职能，例如要做直播引流需要增加直播部门，这就需要调整人员或者注入新的血液。

2. 这么多破局点，自己的公司究竟用哪些，还需要大家自行挖掘。要活学活用，不要照猫画虎，否则结果会是一团糟。

交易系统的排障升级

交易系统升级调整有以下方式：

① 头部客户量级提升；

② 深度分销，协同作战，全渠道多触点，打通线上线下；

③ 保证合作伙伴的盈利方式科学健康；

④ 订货目标精准实际；

⑤ 规划加盟商每周销售目标。

案例 1-9

品牌总代理，订货制品牌，加盟商连锁经营模式，当前有100多家实体店，客群为25~45岁女性。

在本案例中，品牌总代理区域经营，可以开发直营或者加盟模式，线上线下同时操作，只需要完成总公司定的业绩目标就可以了。以前，采用这样的模式很有效，只要抓好品牌，很容易就能将规模做大，大家都有钱赚，皆大欢喜（见表1-3）。

表 1-3　品牌总代理排障升级

工作步骤	说明建议	当前经营方式
客户细分诊断	正在和希望服务于哪一个客群	目标消费群为 25~45 岁，乐观、知性优雅的女性
客户关系诊断	给客户什么服务体验和交互关系	针对终端目标群及潜在客户的心理价位，并保证加盟商的合理利润
价值主张诊断	独一无二的价值，让人记住的特色	优质的产品，形成强势的性价比体系
渠道通路诊断	在何处与客户建立有吸引力的触点	线下实体店 100 多家
关键业务诊断	运营必须做的事和要开展的业务	实体店销售，连带推荐、促销活动
核心资源诊断	保证模式顺利运行最重要的资源和能力	商品买手、物流网络、商品运营中心、加盟商网络
关键伙伴诊断	合作单位优化形成规模效应	品牌公司、加盟商、少量直营店
成本结构诊断	重要的固有成本，分配与盈利方式	采购、费用支出、返利、分红
收入来源诊断	客户一次性支付和持续支付设计方案	结算款、加盟费、器架道具费

当前企业面临的障碍有：受市场经营环境变化影响，很多合作客户的生意在萎缩，规模不断缩小，有些加盟店已经撤店，有些打算不做了，还有一些在苦苦支撑。

以下为针对这个交易系统的破局点和具体方案。

标杆客户经营目标辅导： 当前整个服装经营环境是极其复杂的，并非有一个会卖货的人就可以解决所有问题，还需要前台与后台进行配合。对于加盟商而言，销售货品就耗光了他们的精力，他们很难抽出时间和精力去研究订货技术、商品销售管理等问题。为了让加盟商好好活下去，企业必须采用深度分销策略激发加盟商的活力；建立利益共同体,想办法让大家协同作战;把加盟商中的头部客户作为标杆,对其进行经营目标辅导。

优质门店做用户画像:让加盟商用统一的 ERP 信息管理系统。企业通过管理系统对消费者进行用户标签划分,将消费者用数据具象化,为门店建立用户画像。有了用户画像,通过数据系统和 VIP 系统分析,再结合当年流行趋势变化,单店的订货准确度就会提高,这也在无形中降低了铺货和调拨的物流成本,减少了浪费的时间。

客户每月双轨督导:对督导的要求要增高,转化为双轨督导,既要管业绩达标,也要管商品目标。加盟商每个月要销售多少件衣服,公司需要做好规划,直接分配到每个单店,这样加盟商也就做到了心里有数,有目标就可以干了。这种方式实际上是企业进行整体操盘,是对加盟商的保姆式服务。

协助客户直播变现:企业设立新媒体管理部,对加盟商进行直播变现赋能。

稳健制定年目标:不冒进、不蛮干,提前制订经营计划,为每个加盟商规划一年的营收与利润。

采销均衡原则:要让加盟商业绩好、剩货少,就需要督导承担两个指标:业绩和销量。督导对于结果要全权负责,加盟商的业绩考核和销量考核都与督导和企业商品部息息相关,那么在制定目标的时候数据就不会脱离实际,目标也不会虚高,可以制定一个科学、可达到的目标,这样就做到了采销均衡。

渠道零售目标:渠道零售目标是在年初就制定好的,加盟商按照这个目标订货是可以盈利的。企业要把加盟商的零售目标作为管理对象,对每个零售渠道、每个门店的销售情况都有所掌控。

开展门店用户运营:将门店 VIP 顾客数字化管理作为基础项目,

每个加盟商都要上线拉通数据，企业通过数据分析每个VIP顾客的特征、产品偏好、行为习惯等，帮助门店提升订货精准度。

---------| 实践要点 |---------

1. 总代理要建立片区制的商品部，专门管理加盟商的商品采销存。
2. 要根据自身实际情况选择破局点，并灵活运用。

生意升级的必要条件

1. 提升商业敏锐度

想要成功迭代升级商业模式，管委会必须有商业敏锐度。

商业敏锐度从何而来？

① 持续观察内部生意指标，捕捉效率的点滴变化；

② 通过顾客反馈，觉察内部环节异常变化；

③ 通过财务数据，觉察利润与现金流的异常变化；

④ 侦测企业外部竞争的变化；

⑤ 洞察社会、行业、市场新动向、新趋势及新科技带来的机会。

例如全棉时代，从生产医用棉制品转变为生产棉柔巾，将医用产品的生产标准用在普通生活用品上，大大提高了消费者的信任度，让品牌发展起来。

例如波司登，看到社会、市场的新需求和新变化，毅然回归主业，做到业绩攀升。

例如安踏，通过研究新科技，抓住年轻消费者心理，2022年在国内市场营收赶超耐克、阿迪。

那么，如何发现新机会？谁来论证新机会可否推动商业模式的升级？这就要依赖管委会持续发力。管委会应该是一个长期存在的组织，不是做完年度计划就解散。管委会做好年度计划之后，还需要长期持续跟进，在每个月的工作中都应该发挥作用，不断发现企业当前的问题，及时进行修正。

2. 重视新技术

企业想要升级发展，就一定不能忽视科技发展的力量，即所谓"工欲善其事，必先利其器"。

举个例子，市面上出现了一种叫作"电子吊牌"的新技术，其设备很小，就挂在商品的吊牌上，如果商品在门店被人动过，后台系统就会有计数显示，如果有顾客试穿，又会记录试穿次数，通过这两个数据，再结合当日成交量，就知道该商品的试穿转化率是多少。将这样的技术投放在门店中，找爆款的速度就会大幅提升，也减轻了门店人员的工作强度。此外，通过分析试穿率和转化率，还能看到有些商品试穿率高但是成交量很低，发现这样的问题，再进一步分析其原因，制定解决方案，从而有利于该商品的改善、升级。

所以，企业一定要关注新技术、新政策、新趋势，这样才能更加精准地进行商业模式迭代。同时要关注本赛道的头部企业都在做什么，用了什么新技术，等等。

3. 绘制明年的商业模式画布

前文已经讲清楚了商业模式画布的三个区——业务定位区、业务系统区、交易系统区，以及九个框——每个区各自对应三个经营维度，根据九大维度描绘下一年的商业模式，是管委会制订年度经营计划的第一个工作重点。绘制时有三种方式：可以从业务定位切入，然后是业务系统和交易系统，层层推演；也可先跑通业务系统，再向上给出业务定位，最后向下完善交易系统；还可以从全局入手，每一层同步填充内容，齐头并进互相关联，逐步明朗。

管委会要对商业模式画布进行讨论，看看每个维度是否可以连接在一起形成闭环通路，而且是可以执行操作的，不要好高骛远，要知道，脚踏实地才是做好生意的真理。

------| 实践要点 |------

1. 商业模式的升级需要好点子，管委会成员要多调研同行企业的案例，不能局限于本书案例。组长要安排每个成员负责几个品牌的调研，并及时跟进他们的进展情况。

2. 要把对标企业的新科技作为研讨项目，集思广益，取长补短。

3. 商业模式画布是集体的智慧结晶，不是某个人的功绩。描绘新的商业模式画布时，所有人都要动手，写出自己的想法，贴在相应区域，再相互比较、点评、探讨。

第二章

四个层面画出战略地图

> 确定经营目标

> 选择战略定位

> 画出战略地图

导言｜梳理公司战略，确保目标完成

这几年市场形势极其复杂，不少公司制定的业绩目标频频失效，大家都在埋怨，忙活一整年却得不到预期的好结果。现在公司成立了管委会，为了不重蹈覆辙，大家先要达成共识，不能像以前那样做年度经营计划——年初大胆估算一个业绩目标，销售中发现完成率低就调整绩效方案，抓促销特卖。这么干太粗犷，而且风险太大。

公司要做的年度经营计划，一定是能获得令人满意的经营成果的，而要实现这样的业绩目标，就必须有相应的战略动作，也就是公司应该付出什么、必须改变什么、每个部门必须做什么，用什么指标衡量经营状态是否正常，等等。鉴于此，管委会应该采用战略地图法，设定挑战目标并谋划行动方案。

对于行动方案的设置，通常有两种思路：其一，当前有很多营销招式，在明年要逐个尝试，只要效果好，就可以使用，目标也就稳了；其二，当前没什么好的办法，随着市场大环境走，看到别人有什么好方法就跟上。事实上，这两种思路从根本上都解决不了目标完成的问题。

挑战目标难以完成，通常是三个要素叠加施压的结果，这三个要素分别是缺少特色价值、没有运营优势、资源能力匮乏。从经营的角度判断，这是公司战略老化失效的特征，如果我们能想出办法，让这三个要素得到大幅改善，公司战略老化失效的问题也就迎刃而解，挑战目标就会如愿完成。

因此,管委会要关注公司的战略对挑战目标的支撑,把公司战略改造作为入手点,将战略地图作为工具载体,上下同心,找出可以操作的行动方案。

下面通过一个案例,管委会成员可以先讨论一下:什么是战略?它有什么作用?

案例 2-1

波司登,成立于 1976 年,截至 2023 年 9 月 30 日,实现毛利率 50%,经营溢利率 16.5%,销售额 74.7 亿元。

波司登是中国的羽绒服领导品牌,创始人高德康从一个乡村裁缝到身家百亿,可以说波司登的品牌发展之路,就是战略变更贯穿企业经营的典范(见图 2-1)。

1976—1995 年	1996—2008 年	2008—2016 年	2016 年至今
来料加工 ↓ 自主品牌	品牌研发两手抓	四季化 多元化	重回主业 提升品质 优化渠道

图 2-1 波司登的战略历程

① 为什么选择羽绒服这门生意?

高德康家中祖祖辈辈都以经营服装生意为生,与衣服有着不解之缘。1975 年的 5 月 27 日,中国登山队从珠穆朗玛峰北坡成功登顶,向全世界展示了五星红旗飘扬在珠穆朗玛峰的照片。当时,高德康看到登山队员们身穿抵御寒冷的羽绒服,就被这类衣服吸引了。他发现我们的队员穿的羽绒服竟然不是中国人生产的,内心受到了震撼。他暗暗下定决心，未来一定要让中国人穿上我们自己生产的羽绒服。

② 创业之初的战略定位选择如何？

1976年，高德康号召村民成立了缝纫小组，由他担任组长，小组成员只有11人。在资金匮乏的情况下，小组勉强凑了8台缝纫机和一辆永久自行车。这个缝纫小组便是波司登的起源。

开始的时候，他们生意惨淡，后来好不容易接到上海一家服装厂的单子，但是他们没有足够的资金采购原材料，高德康只得自己每天去工厂拿料，衣服做完之后再送去服装厂。生产处于来料加工模式，后来情况稍微改善，通过贴牌加工挣到一些钱，就此完成初步创业。

③ 怎样在羽绒服赛道崭露头角？

1984年，高德康成立白茆羽绒服装厂，专注于羽绒服生产加工。20世纪90年代初前后，接连出现好几次全国性暖冬，这时的波司登已经创立了自己的品牌，受到天气的影响，其业绩遭遇重创。高德康坚持要寻找更深层次的原因，亲自到北方市场进行调研。他发现，以前冬天比较冷，消费者只看重羽绒服的保暖性，对其他方面要求不高，但随着气候变暖，消费者对于羽绒服的需求有了新的变化。经过与商场其余品牌进行对比，他发现，波司登的羽绒服在市场上没什么竞争力，颜色、面料、款式、版型和工艺都与竞品差距很大。他决定对产品进行升级，以市场需求作为产品更新的动力，对里料进行加密，增强蓬松度，将款式做得简单一点，颜色做得明亮一点，由此波司登羽绒服得到市场青睐。

④ 怎样迅速扩大市场，独占鳌头？

1995年，波司登成立了全国办事处，在全国各地开展业务，当年生产68万件羽绒服，销售62万件，首次登上全国销量第一的位置，自此一直到2007年，波司登持续保持全国销量第一。其间，波司登逐渐摸索调整自己的市场定位，1995年是"波司登给你亲人般的温暖"，1998年是"创世界品牌，扬民族志气"，之后变为"世界品牌，民族骄傲，世界因你而美丽"，波司登一步步成为世界级品牌。2007年，波司登控股有限公司（03998-HK）在香港主板成功上市。

⑤ 用什么战略动作应对市场疲软？

2007年再次遭遇暖冬冲击，羽绒服销售疲软，大量库存积压，业绩增速放缓。企业应该怎么做呢？2008年后，高德康开始对企业经营战略进行升级调整。

这时的波司登调整为多元化扩张战略，2009年提出"三化"战略，即多品牌化、四季化、国际化，向男装、女装、童装等领域拓展，大量开店，业绩有了快速增长。但在2013—2015年，由于前期开店库存积压、电商新模式冲击，加上产品时尚度不高，波司登业绩再度下滑，这三年波司登关掉了将近8000家门店，年销售额不到60亿元。

痛定思痛，波司登在2016—2017年大力去除库存，在2018年提出"聚焦主航道，聚焦主品牌"战略，重新聚焦羽绒服业务，开启二次创业历程，自此迎来战略变革，成效显著，业绩进入快速成长期。在客群战略上主打一、二线城市，在一、二线城市的销售占比达到了54%，其中18~34岁年龄段销售占比达到51%。自营店铺从街边店转移到购物中心，同时开启线上模式，先后成立天猫店、线上微商城，开通线上直播，截至2023年9月30日，线上销售额总规模已经达到11.33亿元。

⑥ 当前的波司登什么样？

纵然波司登如今已再创辉煌，其还在不断创新，将科技运用在羽绒服上，为羽绒服加持赋能，坚持高端羽绒服不低价。

波司登在 2015 年之后进行了战略布局调整，做了很多改天换地的大事，对企业的经营目标产生了正向赋能。

通过案例也可以看出：想要达到挑战目标，就需要一连串的行动支持，需要有准确的市场定位，精耕细作。

看完波司登的例子，再来想一下：什么是好战略？波司登的战略也是随着经营环境的变化不断进行调整的，无论是之前的多品牌、四季化，还是后来的回归主业，专精羽绒服，这些都是品牌的重塑过程，是探索，也是尝试，没有好与坏，只有持续不断地前行。

管委会要对公司的战略历程进行梳理，并制定下一年的经营战略，要从以下三件事入手：首先，分析内外部环境，调整业务布局，预估全年的经营目标；其次，与对标企业进行对比，分析自身优势与劣势，选择战略定位；最后，画出公司的战略地图，将公司的经营目标分解到各个部门，并制定行动方案和检验成败的指标。

确定经营目标

外部经营环境分析

管委会要从外部环境因素分析开始,评估增长空间有多大、商业机会在哪里,分析顾客是被谁抢走的,并确定下一年一定要做什么、不做什么,初步预估下一年渠道与产品的经营方向以及生意规模。具体分析内容如下。

1. 零售业线下环境的变化

(1)零售未来 10 年关键要素

当前是物质丰富的时代,消费者主导市场,需求个性化、多样化,大部分消费者从关注性价比转变为关注内容、知名度,我们把消费者的这个转变叫作品牌化购物。根据这个关键要素,一个工厂或者一个组货店如果知名度不能做到覆盖面广,没有高质量传播和好口碑,不能生产好产品,那么将很难做好生意。所以要考虑开展内容营销,将战场覆盖到全渠道。

当前的人口结构也发生了变化,从 2016 年开始,新生儿人数逐年降低,2023 年全国常住人口出生人数仅为 902 万,出生率为 6.39‰,60 岁及以上人口占总人口的 21.1%。第七次全国人口普查结果显示,当前深度老龄化城市有将近 150 个,65 岁及以上人口比例超过 20% 的城市有 11 个。未来 10 年，社会人口结构老龄化和银发潮或将更严重，这会产生老年人购物不便，到实体店购物的机会和时间较少等问题，所以购物的便利性将是新的市场机会，因此在住宅区开发密集化连锁经营模式，提供快速配送产品上门服务，这种策略将有很大的发展空间，同时，通过网络进行互动消费也将是一个很大的市场机会。公司要考虑是否进入这些经营领域。

（2）零售业的战略选择

过去，时尚零售业的盈利依赖处于繁华商圈的百货店、大型商场、综合化店铺，而现在，很多消费者希望节省时间，远离市中心的拥堵和停车难等问题，更愿意就近消费，会常年在住宅附近的商圈购物。因此，门店选址转向住宅区、就近的次级商圈将成为趋势。

此外，针对更加细分的人群的高附加值产品将会兴起。比如，越来越多的人想要在休息的时候放松自己，走出家门，远离市区，进入大自然中体验生活，这就产生了对户外产品的需求。这部分消费者所追求的不是便宜廉价，而是高附加值，这对户外产品品牌而言就是一个挑战。品牌商要思考：这些消费者在哪里？他们会在线上购买产品还是在线下实体店进行体验？他们会去繁华商圈、次级商圈还是住宅店？等等。

你的公司也会面临类似变化，所以管委会要商讨是否按照五年一段细分顾客，找到明年的核心顾客群、次核心顾客群，开辟什么渠道通路联结他们，等等。

（3）零售业的方向转换

现在的消费者，个性化、多样化的购物需求愈加明显，这推动了零售业态出现变化：百货店将向高端店和中型化连锁店转化，综合化的商店将向专门的 SPA 模式精品买手店和高品质自有品牌店转换，线下折扣销售将向线上专门折扣店转化，大型店会转为小型店，时尚零售和生活类的一站式购物结合将成为趋势。

同时，线上销售也已经蔚然成风。比如，不少百货公司都已经将商场搬到线上，开发了 App、微信小程序等线上购物渠道。

公司要通过对这些变化的分析，确定当前的消费者是谁，消费者的数量是增加了还是减少了，消费者主要在哪里进行消费，当前产品定位和附加值要进行哪些调整，企业是否要创立自有品牌，要做全国市场还是区域市场，业务方向要如何转化，线上线下要如何深耕，等等。

2. 线上营销环境的变化

当前营销线上化趋势明显，直面消费者的营销模式可以缩短从营销到销售的转化路径，新技术的使用、社交媒体平台与购物相结合，大大提升了消费者的体验感。

世界体育用品联合会（WFSGI）与麦肯锡公司联合发布的《2022年体育用品：新常态来了》报告显示，当前 80% 的消费者会在线上寻找产品，部分企业已经有 30%~50% 的业绩源于线上渠道。消费者在线上购物的习惯一旦养成，短时间内很难发生改变。所以当前营销的线上化已经势不可当，在线上实现总业绩的 30%~40% 是基本要求。

管委会需要思考，公司的生意规模是不是还缺失了线上的 40%，如果当前感觉在线下受阻，很难提升，那就转变思维模式，将线上线下打通，争取获得这 40% 的业绩增长。

3. 外部环境 PEST 模型分析

在分析企业外部环境时，可以采用 PEST 模型（P 为政策因素，E

为经济因素，S为社会因素，T为技术因素）（见图2-2），找出公司明年甚至今后几年面临的机会和威胁，分析行业的变化趋势。

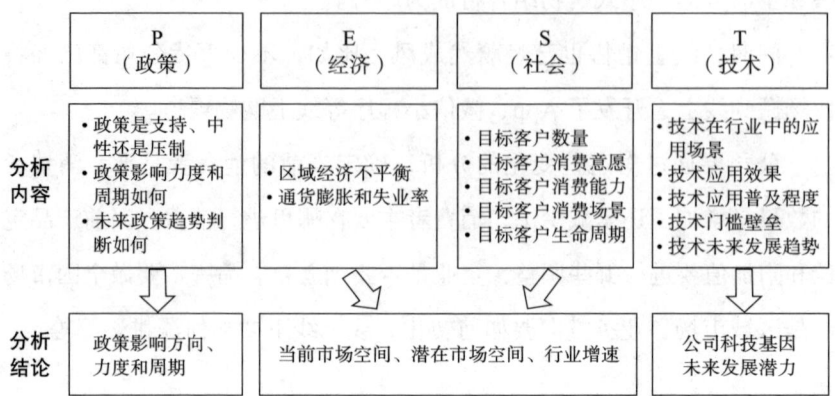

图2-2　PEST模型分析

要特别关注社会因素。目标消费者的数量是增加了还是减少了？当前消费者的消费意愿是变高了还是变低了？消费者的消费能力怎么样，是变大方了还是更加谨慎了？消费者的消费场景是否发生了变化，是喜欢在线上购买还是喜欢进行线下消费？消费者购买的产品是否发生了变化，他们更喜欢经典产品还是能接受新奇的产品？

以户外产品为例，相关统计数据预测，到2025年，这一品类的市场规模将达到3万亿元，消费者的意愿是巨大的。而这些消费者大多数是中产人士，他们消费能力强，乐于为自己的兴趣爱好付费，购物场景是线上线下结合，消费者的年龄跨度也大。

再来看技术因素，当前有很多科技是可以应用的。比如无人自动量体机，人只要站在设备中，设备能在5秒内完成对人体扫描，快速获得颈围、腰围、手腕围等多个人体数据，把该数据与版型大数据进行匹配，从而给测量者制定出精准的个性化方案。这个技术对于中高端服装和定制服装意义重大。

关于政策因素和经济因素,可以看所在的行业是否有政策层面的利好消息,以及随着国家整体经济发展,我们借势发力的点在哪里。

------| 实践要点 |------

1. 管委会成员要找出外部环境有哪些变化,并分析这些变化对企业的影响是良性的还是恶性的,对经营目标的影响程度如何(可以用高、中、低描述)。

2. 不要忽视竞争对手:竞争对手有哪些?他们的优势是什么?弱点是什么?与他们的优势对比,你的公司在这些方面是强还是弱?

3. 关注行业技术:行业技术有哪些变化?哪些技术是你的公司已经采用的,哪些还未采用?采用新技术需要投资多少?对公司的发展会有哪些帮助?

4. 做一次供应商梳理,看看供应商有哪些变化?明年重点合作的是哪些供应商?明年还需要发展哪些品类的供应商?

5. 客户永远是最重要的。要明确:当前的客户是哪些?有什么变化?明年还要发展哪些客户?占领哪个目标客群的市场?

6. 了解公司市场规模的上限:消费群体有多大?开多少家门店比较合适?业绩能做到多少?依此描绘出明年的经营目标大致轮廓。

内部经营环境分析

内部经营环境分析要从四个层面、七个结果指标、十九个过程指标入手(见表2-1)。

表 2-1　内部经营环境分析的数据框架

经营成果同期评价			经营过程同期评价
评价项目	评价指标	安全值	检测因素
营销实绩	投资收益率	>100%	订单回笼率达到100%的时间、120天回笼率
	顾客增长率	>15%	复购率、流失率、无利润顾客量
发展能力	销售增长率	>15%	日均销量、平均单价、平均折扣
	利润增长率	>10%	库存资金占用、TOP款周期内消化率
财务效率	综合毛利率	>40%	加价倍率、同等数量销售天数
	运营利润率	>10%	租金费用率、人员费用率、物流费用率
运营能力	存货周转率	>1.5	SKU采销深度差异、动销率、清款率、售罄率达到80%的时间

管委会要采用营销实绩、发展能力、财务效率、运营能力这四个层面的数据，解读经营的变化。要从过程指标看清走过的弯路和错误，找出待改善的问题。要从结果指标看清经营取得了哪些成果，并评价这些结果有何优势和劣势。

1. 四个层面和七个结果指标

（1）营销实绩

营销成功与否，不能只用业绩增长指标来评价，因为这样的判断角度较为单一。我们评价营销效果的目的是让公司更有投资价值，让顾客更加满意。从这两个角度出发评价经营成果，要注重内涵和质量，因此要使用投资收益率和顾客增长率这两个指标评价营销实绩。

评估投资价值：

投资收益率 = 订单销售额 ÷（采购成本 + 费用总额）× 100%

评估顾客黏性：

顾客增长率 =（本年顾客数 – 上年顾客数）÷ 上年顾客数 × 100%

先看投资收益率。一说到投资价值，我们自然想到的是利润，然而公司的投资价值恰恰不能用利润指标来衡量。对于时尚零售行业而言，一个公司的投资可以总结为两项：一是全年的采购，二是全年的费用，这两项投资换回来的是一年的销售业绩。比如全年采购四季新品的总投资是 600 万元，费用是 300 万元，一年经营下来，采购的新品产生的销售业绩是 990 万元，投资收益率是 110%，说明总投入的 900 万元中，新品的销售有 90 万元的收益，而这个收益源于新品采购，不包含库存的销售收益。如果投资收益率达不到 100%，说明一年的经营投资出现了风险，需要分析具体因素。

再看顾客增长率。计算顾客增长率，要具体对每一等级的顾客进行增长率的统计。从最高级的顾客到入门级顾客，分别统计出其增长率，对比不同片区和门店的指标差异。通常顾客增长率的安全值是 15%。

（2）发展能力

发展能力主要指事业扩展能力。从销售增长率和利润增长率这两个指标来评价发展能力最恰当不过。有了销售增长率，门店的员工收入就有了保证；有了利润增长率，公司的业务开展就处于良性水平，有充足的资金储备。

评估营收水平：

销售增长率 =（本年销售金额 – 上年销售金额）÷ 上年销售金额 × 100%

评估获利水平：

利润增长率 =（本年利润额 - 上年利润额）÷ 上年利润额 × 100%

先看销售增长率，其按地理空间可分为公司、片区和单店三种，按时间跨度可分为多年趋势统计、两年对比分析和全年环比分析三种。通过数据就能找出增长最快的片区、门店以及时段。通常销售增长率要抵消运营费用的上涨幅度，所以其安全值应该设定为15%。

再看利润增长率，要明确每一个门店每一个月的利润增长数据。

（3）财务效率

公司能不能赚到钱，关键在于财务效率高不高。要将每一个门店每一个月的综合毛利率和运营利润率统计出来，标记出与同期对比有所增长的月份和门店，以及指标结果最高的门店和月份。

综合毛利率 = 毛利额 ÷ 销售金额 × 100%
运营利润率 = 利润额 ÷ 销售金额 × 100%

综合毛利率的安全值多少较好？根据行业经验，超过40%才会有盈利，低于30%就是高风险值。运营利润率指标则应高于10%才安全。

（4）运营能力

运营能力可以用存货周转速度体现。公司经营最理想的状态是业绩好、高周转、高毛利率，也就是用最少的库存投资赚取更高的利润。其中的奥妙就体现在存货周转率指标上，该指标的安全值要高于1.5。

存货周转率 = 当期销售成本 ÷ 当期平均库存成本

在统计这个指标时，要把全年所有的产品都算进来，不论新品还是库存，只要在门店进行销售就要计入统计。还有一个注意事项，就是存货周转率指标是全局管理指标，一般不用来统计某些产品的周转率。

2. 十九个过程指标

一旦经营成果不好，大家往往会下意识地归结于市场不好、电商的冲击，这种"归因"习惯让问题变得根本没有办法解决。正确的方式是针对前述七个结果指标，分别进行运营因素检测，判断它们的表现孰优孰劣，这样才能知道未来力量向哪里使，资源向哪里聚集。

（1）投资收益率的两个检测因素：订单回笼率达到100%的时间、120天回笼率

订单回笼率也可称作资金回笼率，是衡量订单商品上市后，投资回收速度的指标。

订单回笼率＝批次商品销售金额÷批次商品采购成本 ×100%

行业标准是订单上市90~100天，回笼率达到100%，称为"回本"。通常回笼率在120天达到最高水平，一般为160%~180%。用数据检测一年四季订单的回笼率，找出回笼率较低的季节订单，影响投资收益率的过程因素就呈现出来了。

（2）顾客增长率的三个检测因素：复购率、流失率、无利润顾客量

根据零售经验，复购率低的顾客，转介绍的可能性较低，这就会影响新顾客的增长，也会加大流失率，特别是在每年换季月流失的顾客，将彻底失去转介绍的机会，对新顾客增长影响很大。而无利润顾客通常会选择购买促销产品，大部分这样的顾客转介绍成功率不高。

复购率的统计分为季度和全年两种。流失率按照全年统计就可以。

同时，这些数据也要按照顾客等级进行细化。无利润顾客可以按照毛利率分等级。

（3）销售增长率的三个检测因素：日均销量、平均单价、平均折扣

日均销量同比降低是一个危险信号。我们习惯于分析业绩完成和问题跟进，但大部分人对每天销量的变化不敏感，也就不会及时进行门店产品推广的改善，拉动销量回升，致使业绩一滑再滑。所以要高频地进行监控。

平均单价同比下降是一个危险信号，相当于跟同期比，我们卖的产品便宜，这对一季业绩的影响很大。可以这样理解，就算现在的销售数量与同期相同，可是由于平均单价变低了，业绩自然也低于同期。

平均折扣同比下降是一个危险信号。折扣越来越低是销售战术的禁区，就算是销售数量和平均单价与同期相同，平均折扣一旦同比降低，业绩增长也会放缓。

（4）利润增长率的两个检测因素：库存资金占用、TOP 款周期内消化率

库存资金占用是指四季新品到年末的库存金额。经营时尚零售生意，要做到业绩和利润提升的同时，库存资金占用稳中有降，也就是不管卖了多少货，都要控制库存。高库存意味着团队操作水平低，没有把剩余的货销售出去，会影响利润的获取。

TOP 款周期内消化率是指在公司规定的产品销售周期内（通常是 6~8 周）的消化率。消化率低于 75%，说明团队的销售控制能力有待提升，没有掌握在短时间内快速销售产品的技术，也会影响利润的获取。

（5）综合毛利率的两个检测因素：加价倍率、同等数量销售天数

加价倍率是一个影响毛利率的指标，也叫定价倍率。有的公司用低折扣战术进攻市场，但会提前上涨加价倍率，保证毛利率稳定。从当前的营销趋势上看，找到有品质的好货提高加价倍率是促进毛利率上升的良策。

表 2-2 是加价倍率和毛利率对照表，以供参考。

表 2-2　加价倍率和毛利率对照表

加价倍率	1.5	1.6	1.7	1.8	1.9	2	2.1	2.2	2.3	2.4	2.5	2.6	2.7	2.8
加价毛利率	33%	38%	41%	44%	47%	50%	52%	55%	57%	58%	60%	62%	63%	64%
加价对应进折	0.67	0.63	0.59	0.56	0.53	0.50	0.48	0.45	0.43	0.42	0.40	0.38	0.37	0.36
八折销毛利	17%	22%	26%	31%	34%	38%	40%	43%	46%	48%	50%	52%	54%	55%
七折销毛利	5%	11%	16%	21%	25%	29%	32%	35%	38%	40%	43%	45%	47%	49%

同等数量销售天数是指，按照同期的每季产品销售数量，统计每季产品达到这个销售数量所用的时间。这个时间如果多了几天，就会对毛利率产生负面影响，因为一季货销售时间越长，折扣的操作就会越频繁，毛利率就会越低。

（6）运营利润率的三个检测因素：租金费用率、人员费用率、物流费用率

租金费用率持续上涨是一个危险信号，高租金会抵消运营利润。

人员费用率过低是风险信号。为了最大程度地保留人才，要保持行业领先的绩效水平，但要防止运营利润率压力过大，企业发展没后劲。

物流费用率要降下来，需要对配货和补货做精益管理。

（7）存货周转率的四个检测因素：SKU 采销深度差异、动销率、清款率、售罄率达到 80% 的时间

SKU 采销深度差异指 SKU 采购平均深度与销售平均深度的差异。

动销率和清款率分别指 SKU 中有销售贡献的比例和卖完的比例。比如采购 1000 个 SKU，有销售贡献的 SKU 是 600 个，动销率就是 60%，到年末卖完的 SKU 是 300 个，清款率就是 30%。在服装行业中，动销率的标准值是 80%~95%，清款率的标准值是 75%~80%，这两个指标过低会造成货品销售速度慢，影响存货周转率。

每季售罄率达到 80% 的时间，通常是一季产品上市的 120 天左右，如果达不到就会影响存货周转率。

---------------| 实践要点 |---------------

1. 要把内部环境分析作为一项长期工作，每周进行数据复盘。

2. 要建立数字系统，按照四个层面、七个结果指标、十九个过程指标的框架，搭建一套指标检测体系，对公司的经营进行监控。

3. 要彻底检测十九个过程指标，找到自身优势，同时发现哪些指标不如竞品对手，对这些指标进行弥补。

4. 商议公司明年七个结果指标的衡量值，初步确定经营目标。

公司业务布局调整

公司业务布局调整包括业务发展战略调整、业务增长策略调整两方面。业务发展战略与市场定位的方式有关，对它的调整着眼于创造资源优势和全新的营销能力。对业务增长策略的调整则着眼于顾客、产品、渠道的增长点和突破口。

1. 业务发展战略调整

业务发展战略一般有三种，分别是一体化发展、密集化发展和多元化发展（见图 2-3）。

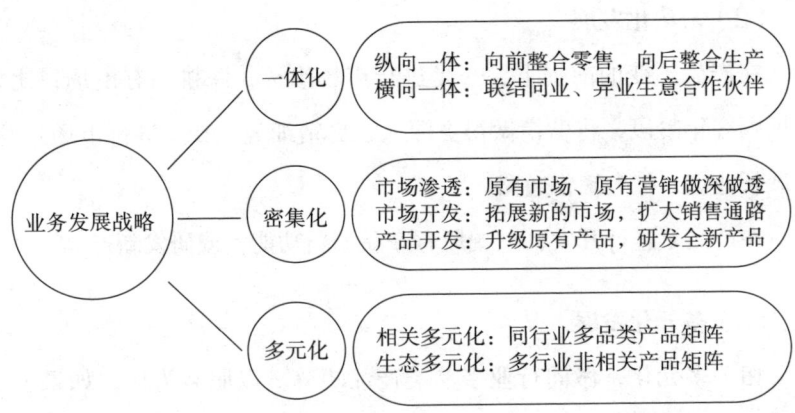

图 2-3　三种业务发展战略

（1）一体化发展

根据公司当前所处的市场地位，可以进行纵向一体化布局，向前整合零售端，向后整合生产端。如果公司当前处于中间商的位置，那向前要整合零售市场，与批发客户形成同盟，保证市场份额，向后要整合厂家资源，与工厂形成联盟，防止被人截断后路，形成前后两手抓，两手都硬的局面，这样才能保证自己的地位与收益。

公司如果没有那么强势，也可以将纵向一体进行拆解，先与零售端进行捆绑，结成同盟，与零售商一起赚经营的利润，库存自己负责，这就有别于批发商一手交钱一手交货的方式了。这种方式的重点是对零售端进行类直营化管理，共同负责一盘货的盈亏。

也可以和厂家结盟，厂家的困难就是你的困难，厂家的库存就是你的库存，同样，厂家的资源也是你的资源。这样，厂家会在货品上、价格上予以支持，进而实现公司盈利。

还可以进行横向一体化，和同业或者异业的生意伙伴联盟，形成一个大的联合体，有统一的营销动作，这样也有助于稳固市场地位。

（2）密集化发展

在产品不变的前提下，一是进行市场渗透，深耕现有市场，比如拓展顾客年龄段，将营销做得更深入、更精细等；二是进行市场开发，拓展新地盘，扩大销售通路。

在产品上进行开发，挖掘原有产品的新功能，或研发新产品。

（3）多元化发展

相关多元化，做同行业多品类产品矩阵。以服装为例，如果公司以男装为主，要实行多元化发展，就要加上女装、童装、鞋子等。

非相关多元化，做多行业非相关产品矩阵。比如，做服装起家，可能之后会涉足酒店、餐饮、生产等其他一些不相关的行业。当然这些需要强大的资金实力和资源能力。

思考

以下四种商业模式，可以怎样进行业务布局调整？

① 品牌零售商期货制：横向+向后一体化、市场渗透、生态多元化。

当前中高端女装做商场店通常会采用这种方式，可采用横向异业联盟，比如联合干洗服务、美容美发，甚至是娱乐行业；向后一体化是公司要与厂商结盟，成为厂家的一个特殊渠道或者功能性渠道，让厂家离不开你。

但有个关键点一定要清楚，厂家的产品是不受公司控制的，不可以随意改变，所以公司一定要在固有产品的基础上深耕，将市场做深做透，把消费者划分得越来越细，进行精准的营销动作投放，这就是在做市场渗透。

生态多元化发展，是指公司如果当前无法做到更大的增量，那就需要考虑进行多元化运作，如开设美容店、干洗店、宠物店或者儿童领域相关业务，只需要围绕着当前VIP顾客进行深耕，他们需要什么产品、什么服务，就提供什么产品、什么服务，但不要做与主品牌类似的产品，否则会影响公司向后一体化的关系。

② 自有品牌联营制：向前一体化、市场开发、相关多元化。

当前采用分佣式联营制的自有品牌通常门店数量多。公司会向前一体化，与零售商捆绑在一起，对加盟店的业绩、库存都要管；也会同步推进市场开发，运用原有产品进行新市场的拓展，跳出区域性概念，开发空白市场；还会采用相关多元化发展战略，比如店铺本来只是销售女装，可以增加鞋、箱包等相关品类。

③ 品牌总代理订货制：横向+向后一体化、市场渗透、相关多元化。

对于当前只做单一品牌总代理的公司而言，总代理是有区域性质的，想要开拓其他区域市场存在困难，厂家也不允许这样做，那就要对自己的地盘进行深度分析和挖掘，对于本地商圈的每一个店铺都应该单独分析。当前经营者的经营意愿是什么？当前经营情况如何？如何提高店铺的经营业绩及净利润？该对店铺进行哪些赋能才能使生意更好？通过什么样的方式让经营者愿意和我们一起走下去？这些都是区域性总代理需要深入思考的业务问题。

至于相关多元化发展，单品在当前区域市场已经饱和，那就需要开启新的赛道，争取更多品牌的代理权。

④ 多品牌代理期货制：横向+向后一体化、市场渗透、产品开发、生态多元化。

做高端女装或者高端男装的公司多采用期货订货制或者厂家配合制，在区域内做品牌集合店铺的形式，这种模式的业务发展，适合做横向联合，也可向后与厂家结合，并进行市场渗透，透彻分析本区域所有的消费者，做好消费者画像，深度分析消费者消费习惯，只卖消费者喜欢的货品，做到精准订货、精准营销，避免浪费资源。同时，产品开发和生态多元化也是规模增长的路线。

看了这四种商业模式的对业务布局的调整，你要思考你的公司当前对于市场的判断是否过于盲目，如果只是分析同比、环比就确定经营目标，是远远不够客观、科学的，还需要加上对当前市场环境的分析和判断。

2. 业务增长策略调整

有三种策略可以推动业务增长，分别是顾客策略、产品策略和渠道策略（见图2-4）。

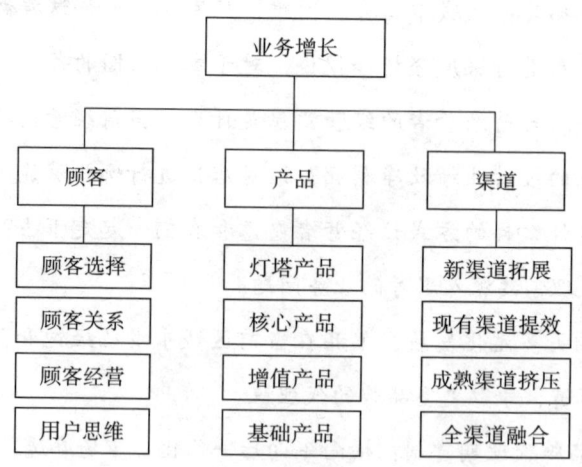

图2-4 三种业务增长策略

(1) 顾客策略

在当前市场环境下，公司应该将顾客的分类做好，要测算各个年龄段顾客的数量及其销售贡献。思考：当前消费的趋势是什么样的？公司的业绩是增长的还是萎缩的？主力消费群是否还能支持业绩？如果业绩已经有所下滑，是否需要采取新策略？

(2) 产品策略

在产品方面，要把公司的产品按照灯塔产品、核心产品、增值产品、基础产品进行归类。灯塔产品是指定位独特，能引领时尚，在行业中能够独树一帜的产品。核心产品是指市场需求旺盛，不需要进行高投入的消费者教育，公司竞争优势明显的产品。增值产品是指为了让核心产品与竞争对手有明显的差别优势，加入附加价值的延伸产品。基础产品是指满足顾客常规需要的产品。

对于不同的产品，要有不同的定价策略。哪些产品是可以做高单价的？哪些产品价格不能高但品质一定要有保证？哪些产品的数量要做多，要大量铺货？这些都是需要考虑的。

(3) 渠道策略

渠道这个板块涉及分布和等级的问题。比如，以公司当前的渠道分布情况，如果一直在一、二线城市运作，有没有机会拓展三、四、五、六线城市的市场？当前线下渠道已经饱和，可不可以做线上渠道？对现有的成熟渠道如何降本提效？哪些板块可以进行精耕细作？等等。

-------------------- 实践要点 --------------------

1. 管委会成员要细读四种商业模式的业务布局调整分析，并对照

公司自身情况进行思考。

2. 在三种业务发展战略中，根据资源与能力选择。

3. 找准增长点，落实明年的顾客、产品和渠道策略。

4. 工作成果：按照战略目标的分析框架，先分析市场空间有多大，机会多不多；然后用数字解读公司内部运营的优劣势，找出改善方向；再调整顾客、产品、渠道的增长策略。至此，管委会就已经确定了下一年的经营目标。

选择战略定位

调整好业务布局,公司经营目标也清楚了,那么,要用什么与同行竞争,以赢得顾客对产品和服务的青睐?

这就需要有清晰的战略定位。如果没有战略定位或定位不清,公司的相关决策就可能偏离正确的方向,有些决策之间还会互相矛盾,导致资源浪费,贻误有利的发展机遇。

战略定位有三个元素:客户定位、产品定位和价值体验。要想做出合理的战略定位,首先要明白:在当前的大环境下,公司有限的资源只能聚焦在能产生最大回报的事情上。如何找到这件事?那就需要弄清以下四个问题的答案:

① 我是谁?——区别于竞争对手,搞清楚自己是谁。

② 我要干什么?——明确自身存在的理由。

③ 我要到哪儿去?——提炼核心价值,终结用户选择混乱的局面。

④ 我能做什么?——不做废动作,聚焦要点,十倍用兵。

客户定位:客户想要什么

真正的对手不是同行,而是客户的需求。

要探究公司的战略定位,就要先建立客户需求池,从客户需求池中找到我们可以做的事,寻找产品和服务的制胜因素。

可以在公司展开需求采集工作,由门店上报每天采集的顾客对产品与服务改善方面的想法,通过填写需求采集模板(见表2-3)寻找顾客对产品的需求,了解他们想要产品有所改善的地方,包括设计细节、风格、价格和功能特性等。而且,不仅要采集自己门店顾客的需求,也要采集竞争对手的顾客需求。

表2-3 需求采集模板

部门	需求	重要性	优先级	状态	提交日期	期望时间	分类

在采集需求的过程中要注意两点。第一,要对采集到的需求加以分类:哪些需求是当前急需改善,以便直接提升业绩和利润;哪些需求是当前无法做到或不那么急迫,但是在未来一定要实现的。对前一种,应马上着手操作;对后一种,可思考如何创造条件使之可行,以及何时可行。第二,对竞争对手顾客的需求采集要尽可能详细,分清对方的核心客群和普通客群,明确不同人群各有哪些需求,对方满足了哪些,还有哪些没做到,等等。

---| 实践要点 |---

1. 需求采集要在公司全面展开,结果要让所有人都知道。

2. 对于提出好点子、好想法的员工,予以奖励。

3. 需求采集模板中的"分类"一项,可使用如下标签:降低成本、增加收益、提升工作效率、提升顾客体验、与战略相关。

4. 筛选需求池,挑选能够聚焦产品和服务特色的需求,进而想出能体现公司优势的办法。

产品定位：公司能卖什么

对同一群顾客来说，我们能满足他们的需求，竞品也能满足，那么我们该怎样做出适合自己的战略定位，来彰显自己的独特之处呢？

有些人会想到"价格低廉，打折省钱"，认为这是自己能做的最正确的事情。然而，价格战是最低端的策略。现在大多数企业的产品是雷同的，消费者买谁家的产品都可以。在"与众不同"这个点上没有做出优势，只是在价格、折扣方面显出一定差距，这种用价格杠杆撬动顾客是高风险的战术，不足以让公司脱颖而出。

为了看清公司当前所处赛道的情况，我们需要用波特五力模型分析行业的基本竞争态势，同时用竞品画布，进一步分析我们与竞争对手的差距，为合理定位提供依据。

1. 波特五力模型

波特五力模型的分析框架如图 2-5 所示。

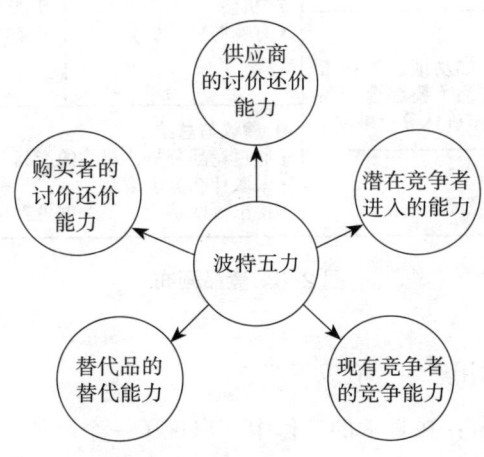

图 2-5　波特五力模型

通过这一分析框架能很清楚地看到，不管是自己的公司还是竞争对手，都面临着供应商、购买者、替代品、潜在和现有竞争者带来的压力。在这种情况下，价格比拼只能让这条赛道成为红海。靠低价、无节制的促销活动去吸引消费者，就是一种短视的战略定位，不仅无利可图，而且在业内的路也会越走越窄。所以，我们在做战略定位的时候，需要思考如何对抗这五个方面的压力。

2. 竞品画布

我们可以用竞品画布（见图 2-6）分析竞争对手的产品和服务，这样便于与对手做好竞争区隔，利于规避恶性竞争，从而进入蓝海。

1. 分析目标 • 为什么要做竞品分析 • 希望为产品带来什么帮助 • 你的产品所处的阶段 • 目前产品面临的最大问题与挑战 • 竞品分析目标	5. 优势 • 与竞品相比，你的产品有哪些优点（可结合分析维度说明）	6. 劣势 • 与竞品相比，你的产品有哪些缺点
2. 选择竞品 • 竞品名称、版本及选择理由	7. 机会 • 有哪些外部机会	8. 威胁 • 有哪些外部威胁
3. 分析维度 • 从哪几个角度（如功能、市场策略等）来分析竞品（要综合产品阶段和分析目标来确认分析维度）	9. 建议与总结 • 通过竞品分析，对你的产品有什么建议 • 采取什么竞争策略 • 得出哪些结论（要考虑可操作性）	
4. 收集竞品信息 • 从哪些渠道收集竞品信息		

图 2-6 竞品画布

竞品画布的用途主要有以下三点：

① **市场预警**：在日常的工作中，出现了一个新的对手，抢走了顾客，我们需要研究它的打法。

②学习借鉴：对于成熟型的企业，我们做对标分析，通过竞品画布工具，学习其运营模式及操作手法。

③决策支持：运用这一工具为明年的竞争策略提出建议——要采取哪些相应的措施力压群雄，赢得顾客。

综上，我们可以通过竞品画布分析竞争对手的团队背景、技术水平、产品功能、市场布局、市场推广方法、用户情况、用户体验设计等，找出自己的竞争策略。

------| 实践要点 |------

1. 管委会统一思想：靠降价、打折做价格竞争不是好的战略定位。把所有资源都用于做降价促销，于人于己都不利。

2. 按照波特五力模型把公司的竞争压力显化，才有助于找到应对策略。

3. 不是所有的顾客需求都要满足。顾客需求满足得越多，成本越高，收益递减，所以要先看清竞争对手出的招。

4. 竞品分析重在分析产品优势和劣势，要找到我们的机会和威胁，见招拆招。

5. 也可以用竞品画布来学习对标企业的做法。

6. 吸引顾客，只需要把产品做得比对手好"一点"就有胜算，不要用力过猛。要慎重考虑产品和服务的低成本改善措施，不要想当然。

价值体验：让公司脱颖而出

怎样提升顾客的购物体验满意度，使自己成为顾客心目中的品牌首选？价值曲线分析法对这一过程进行了可视化和量化。

消费者的购买决策会受到很多因素影响，包括品质、工艺、技术创新、顾客响应和服务、品牌信誉等，我们称之为"产品服务决定要素"。公司要在这些要素中选择2~3个进行聚焦，在消费者心中塑造无可替代的形象和地位，这样才能获得消费者的青睐。

价值曲线分析法，即站在消费者的角度，梳理他们关心的产品和服务的价值要素，定位公司的优劣势所在，这样就能找到聚焦发力点，重塑顾客消费体验。

价值曲线分析法需要用到价值曲线图（见图2-7），这是一个坐标图，x轴表示产品和服务竞争要素，y轴表示等级。这样就可以将价值要素进行可视化和量化，方便对比不同产品的价值差别。价值曲线图有助于将自己的产品和服务与竞争对手进行比较，从而识别潜在差距或有改进空间的领域。

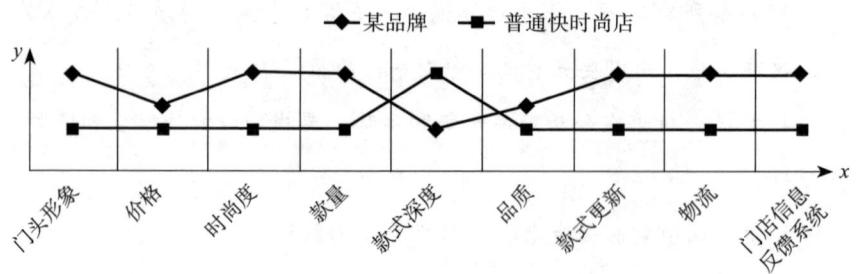

图2-7　某品牌价值曲线

如何制定价值曲线？

第一步，梳理价值：要确定当前顾客最为敏感的产品服务要素。

案例2-2

某公司经营快时尚女装，主打大众消费群体，采用联营模式，当前分佣比例为每周公司 68%、门店 32%。而竞品的分佣比例是公司 60%、门店 40%，价格还低 10%。如何防止竞品抢走加盟商和顾客？

这种情况下，如何选择产品服务关键要素？既然是大众消费群体，那除了价格可以调整以外，是否可以提升商品的品质？

通过对竞品的调研发现，对方整个产品线的顾客体验较差，普遍问题就是其产品质量太次，虽然低价格能打动一些顾客，但是体验差也会影响复购。

因此某公司制定的策略是：平均价格可与竞品持平或者稍高一点，其中部分同质化产品价格比对方低，他们有、对方没有的产品可定价高一些，核心在于所有产品的质量一定要高于竞品。

第二步，构建差异：删除理所当然的要素，减少非敏感标准，增加好体验。

不要把那些理所当然的因素作为价值曲线的标准，如货品上市快、价格便宜——大众消费产品的价格差距本就不大，顾客可能对于这一因素没有那么敏感。因此在制定价值曲线的时候，要参照公司产品的消费人群最关注的是什么，找到他们对哪些方面的改变最敏感。

第三步，战略聚焦：创造前所未有的产品服务体验。

在价值曲线中还可以添加顾客没有感知过的购物体验。

案例 2-3

某公司为鞋品销售总代理，经营模式有直营模式和加盟模式两种，从厂家进货，货品质量中等偏上。其所在地区市场同质化严重，该公司店面陈列、店员水平都与竞争对手差不多，服务方式包括进屋一杯水、提供六种饮品、皮鞋免费护理服务等也是一样的。面对竞争对手的价格战，该在什么地方进行改变，实现突破，才能在同质化如此严重的市场中脱颖而出呢？

调研显示，当前该公司可以在服务上进行创新升级，与竞争对手拉开差距。例如在门店推行量脚服务，也就是在顾客购买过程中，加入量脚尺码推荐好鞋的服务，要测量顾客的脚长和脚围并做好记录，之后为顾客推荐适合的产品。因为有了记录，以后该顾客再次进店的时候，店员也能很快选出几款适合其穿着的鞋子，顾客会体会到门店服务的专业和体贴。这样前所未有的体验增强了顾客对品牌的忠诚度，门店经营自然会再上一层楼。

上述案例给了经营者不小的启发。比如，对于女装来说，当前的同质化更加严重，中高端女装零售商要建立门店的 VIP 数字衣橱，将顾客购买过的产品都记录在系统里，包括顾客每次都买哪些品类、哪些搭配、哪些色系、哪些风格，以及买了多久，从而分析基于当前门店中的产品，顾客还需要补充哪些品类、哪些风格、哪些颜色、哪些款式的产品。然后根据数字衣橱对新到的产品进行搭配，匹配合适的顾客，设计好搭配与话术，等顾客来店或者是通过线上（微信之类的联结工具）将产品展示出来，同时要注意话术，说明新品可以与其哪些已有的服饰进行搭配，穿着的场景是什么。通过数字衣橱的分析做出的推荐，绝对可以让顾客眼前一亮。

最后还要提醒大家，价值曲线不是一成不变的，每年都需要调整，需要引入更多的技术元素来"让门店与众不同，赢得顾客喜欢"。只有不断精进，才能一直领先于竞争对手。

>――――――――――――― | **实践要点** | ―――――――――――――<

1. 每年要分析竞争对手的价值曲线，看其做了哪些新的调整。重点关注我们没有考虑到而被竞争对手关注的方面，会不会影响到顾客的选择。

2. 关键产品服务要素可以在大范围上与竞争对手保持一致，但一定要有1~2个点是超越竞争对手的。这就是战略定位的差异化。

3. 要把本公司与对标企业的价值曲线画在一张图上，从中找出下一年要发力的要素。

常用的六种战略定位

相同的产品和服务，竞争对手不比我们弱，想要做到与众不同，远超同行，就要有清晰正确的方向和路径。常用的战略定位有六种（见图2-8），每一种的关键定位要素不一样，要依据公司的资源与能力，选择最合适的战略定位。

定位选择	定位特点	关键定位要素						
产品领先	最好的产品	价格	品质	时间	**功能**	性能	服务	关系
客户至上	值得信任的品牌	价格	品质	时间	功能	性能	**服务**	**关系**
优异运营	高效响应需求	价格	品质	**时间**	功能	性能	服务	关系
聚焦一点	专业精尖	价格	**品质**	时间	功能	性能	服务	关系
低成本	面向大众	**价格**	品质	时间	功能	性能	服务	关系
差异化品质	面向高端	价格	**品质**	时间	功能	性能	**服务**	关系

图 2-8　战略定位选择

1. 产品领先，突出功能和性能

当前一些品牌采用产品领先定位，强调功能和性能，比如之禾品牌。之禾品牌价格很高，目标顾客对于价格没有那么敏感，所以价格不是其推广的重心。该品牌的创始人是服装设计专业教师，这就让产品具备了原创设计的基因，其产品使用原色系，注重环保，追求健康舒适，在品质、面料、工艺、功能上颇具特色，这些才是其主推的卖点。

2. 客户至上，强调服务和关系

如果产品与竞品差异不大，也几乎没有好的办法提升品质，那就提升服务，在服务周到上下功夫，维护好客户关系，尤其是和 VIP 的关系。

3. 优异运营，强调效率

当前消费者越来越重视购买的便捷性，公司需要改善内部的运营流程，提高效率，降低成本，高效响应目标顾客的需求。

4. 聚焦一点，专业精尖

当前有很多企业占据品类赛道，将战略定位与品类强关联。像波司登，常年打磨羽绒服品类，强调其产品的品质、性能和功能，成为品类赛道的标志品牌。

5. 低成本，重在价格

采用这一定位的多为快时尚大众连锁品牌，因为其产品面对的大众消费群体对于价格变化很敏感。

6. 差异化品质

在面向高端人群的时候，重点突出产品的品质、服务、关系。一些运动品牌的中高端也会强调这一点。

为了实现与众不同，公司要进行战略定位选择，当然定位可以有多个，如公司当前做快时尚大众连锁品牌，可以定下基调是低成本，但除了低成本之外，也可以在提升品质上下功夫。整体战略基调是低成本，产品价格低品质好，上新速度也快，这样顾客就会感觉到品牌的与众不同。

------------------| 实践要点 |------------------

1. 确定公司明年的战略定位。

2. 战略定位不是喊出来就可以的，管委会成员要达成共识，并将战略定位逐层传达下去。

3. 思考公司当前所处赛道的情况，是拥挤还是宽阔，是否还有发展的空间，要不要转换赛道，等等。因为随着时间的推移，转换赛道的成本会越来越高。

4. 需求池的建立是长期过程，要加入运营管理流程，落实到人。

5. 竞品画布和价值曲线是分析工具，不能跳过不做，否则会造成战略的偏差。

画出战略地图

战略的四层表达框架

战略是公司为了实现经营目标，精心策划的一系列行动。

不少公司的战略会议探讨的重点就是业绩目标，制定业绩目标的方法就是定增长率，再将定好的目标拆解到渠道、片区、门店，更细一点就拆解到门店的每一个导购，但其实这只是在将任务层层下压，根本不是在做战略。

根据罗伯特·卡普兰、戴维·诺顿的研究，公司战略可分为四个层面。

财务层面，表达投资人与股东的期望，指公司要获得的经营成果，或是提高业绩，或是增加利润，或是扩大规模，或是提升客户量。

客户层面，表达市场与销售业务特色，指公司如何将市场和销售做得有特色，在满足客户需求方面要完成什么任务，以达到财务层面目标。

内部流程层面，表达运营效率与流程改善安排，指为了完成客户层面的任务，公司应如何改善运营效率及工作流程，要把哪些关键业务流程做好。

学习与成长层面，表达员工能力授权与激励安排，指为了做好业务流程，员工要学习、掌握什么，改变、创造什么。

当前很多公司只顾将经营目标分配到前台销售，对于后台运营及员工的能力不予关心。从战略的四层框架看，这样的方式弊端极大，既不能支撑投资人期望的经营目标完成，也不能向客户展现业务特色，更无法提升运营效率和员工能力。

思考

某公司预计明年销量增长 15%，其中 A 级店铺预计增长 20%，企业该如何实现？

在实际经营中，前台销售要完成增长任务，需要后台相关部门给予支撑，这些后台也需要有管理目标。比如，对营运部而言，要思考：A 级店铺要实现 20% 的销量增长，是否要有拓店计划？大概在什么位置？数量是几家？什么时候开业？开业前需要有哪些准备？对于商品部而言，门店存销比较大，是否可以缩小？铺货不精准，是否可以更精准地铺货？门店总是说缺货，是不是需要随时监控门店的库存数据，及时进行配、补、调工作？等等。后台发现问题，解决问题，才能助力前台达到目标。

可见，通过后台的工作优化，改善一些前台不能解决的问题，这非常重要。如商品部通过数据监控，将门店的缺货率降到 5%；市场部策划大型引流活动，为门店带来更多的流量；营销部将门店的顾客进行分级管理，判断顾客购买的时间、需要购买的货品，进行精准营销；采购部对货品进行分级，明确哪些货品可以作为主推款，其优势在什么地方，需要采用什么样的搭配进行销售；等等。诸如此类的一套动作执行下去，就可以清楚地知道目标分解的时候不是只有前台有目标要求，后台同样有目标要求，两相合力，才能迸发出更大的火花。

有句俗话说得好，"千斤重担万人挑，人人头上有指标"，所有部门的指标都是相通的，相互辅助，相互促进，这样分解下来的目标才能被所有人接受、推动，进而使目标完成。

如果上述事情都做了，目标还是难以实现，那就说明可能是人出了问题。对于能力不足的员工，需要帮助、督促其提升能力和水平。对于有能力的员工，则要大胆授权，不能让他们做什么工作都束手束脚。同时，要培养后台员工的专业性，让后台员工成长的步伐跟上企业发展的要求，让后台成为促进企业发展的一大动力，这样前台后台同时发力，企业才能实现平稳增长。

接下来，管委会要策划一连串动作，从前台到后台，从员工到顾客，从战略的四个层面出发，逐步构想方案，推动经营目标完成。

―――――――――| 实践要点 |―――――――――

管委会要讨论：为了实现经营目标，什么是公司一定要做的？为了让公司的运营效率更高，什么问题一定要得到解决？

分六步画出战略地图

战略不是某一个人的事，也不是一个部门的事，它是所有部门的工作指引。管委会要给下一年的战略确定一个主题，这是公司资源的聚焦点；然后将全年的战略目标分解成一连串的小目标、小行动，安排给各个部门，并且这所有的行动是紧密联合的，离不开缜密的设计。把上述要点放在一张纸上，将战略的四个层面可视化，就形成了公司的战略地图。具体而言，要分六个步骤画出战略地图。

1. 第一步，用财务指标描述战略给股东创造何种价值

战略地图一定是以财务的视角开始描述下一年的经营成果的，要首先确定财务层面的北极星目标。什么是北极星目标？即公司在经营过程中最想要实现的目标。公司所处经营阶段不同，所追求的目标也是不一样的。有些公司追求高业绩，有些公司追求利润增长，有些公司追求用户数量增长，有些公司追求毛利率增长，有些公司追求规模增长……如果在同一时间把所有目标都放在一起去实现，几乎很难达到，但是如果抓到一条主线，全力以赴，成功的概率就会很高。

例如，公司的战略目标是业绩增长20%，为此可以不去追求利润，在毛利率方面也可以进行一些让步，只要增长率达标，适当放低毛利率也是可以的，有明确的增长率方向，其他条件都需要围绕着这个方向运作。

财务定位的北极星目标就是下一年要全力以赴达到的财务指标，关键点有以下三个：

① 投资人期望完成的重大财务成果；

② 下一年的指标值与当前的差距；

③ 生产率和收入增长目标路径推演。

在制定财务方面的北极星目标和挑战的目标值时，需要判断公司与市场的环境，并参照业务布局和战略定位。

在实现这个目标值时，一般有两条行动路径：其一，增长收入，提高公司的整体业绩水平，包括增长收入机会和提高客户价值；其二，提高生产率，即增效，包括改善成本结构和提高资产利用率（见图2-9）。

通过财务层面的描述，公司有了明确的目标，利润多少、业绩多少、毛利率多少、费用多少，以及想收获的成果都清晰地表达出来了。

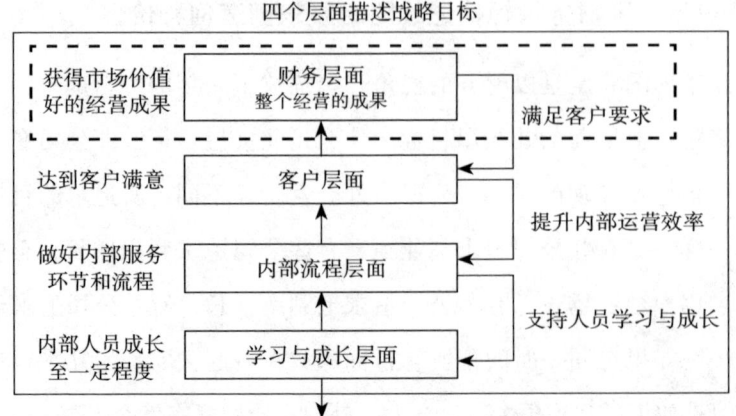

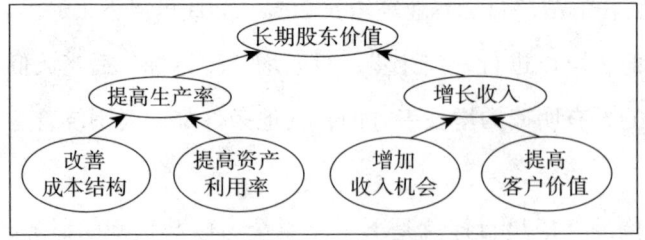

图 2-9　财务层面描述战略

2. 第二步，找出让目标客户满意的事，支撑财务指标的实现

在客户层面要彰显品牌价值主张，关键点有以下三个：

① 细分带来增长和盈利的客户；

② 提高客户满意度，产生了存量；

③ 客户保持率增加了业务份额。

在战略地图中，这是向客户展现经营特色的窗口，价值主张包括产品和服务的特征、客户关系、品牌形象。客户层面如果没有竞争优势，价值主张不能让客户满意，向上走通的逻辑就出现了卡点，很难实现财务层面指标。

第二章 四个层面画出战略地图

客户层面有七个行动路径可供选择，分别是价格、质量、时间、选择、功能、关系和品牌（见图2-10）。

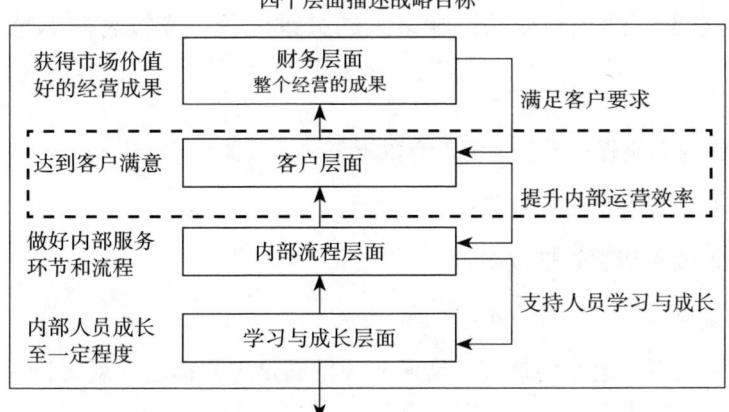

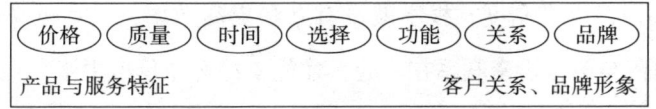

图 2-10 客户层面描述战略

首先，想让客户满意，必须知道公司的细分客户是谁，核心客群是谁，他们的年龄、家庭结构、职业为何，等等。对客户的信息掌握得越详细，越有助于判断其购物习惯。

其次，客户圈层选定好后，从两个方向出发：其一，产品的价格定位、产品的质量、产品上市的节奏；其二，产品的功能、门店服务关系、产品品牌形象。

比如公司当前想要实现业绩15%的增长，准备提高客单价，可以通过客户在乎的产品质量、面料、工艺工序方面来渲染产品价值。在产品上市期间，要研究客户的穿衣喜好，每周上新满足核心客户需求，让其进店就能看到新款产品。如此，公司的价值主张就凸显出来了。

客户层面的七个行动路径，公司不可能面面俱到，可以在其中选出 2~3 个作为明年的经营重点。

3. 第三步，确定对战略影响重大的关键流程，支撑客户满意度的提高

在内部流程层面，关键点有以下三个：
① 支撑客户价值主张；
② 改善运营管理效率；
③ 降低客户管理成本。

要让门店上新的速度、精度和周期满足客户需求，就要设计、完善内部的供应流程。前台想把产品卖出去，但后台的内部运营没有机制，没有流程，没有制度，根本就没有办法提高效率，成本也降不下来。要将前台与后台紧密联系在一起，才能支撑客户价值主张。

内部流程层面有四个行动路径可供选择，分别是强化运营管理流程、强化客户管理流程、强化创新管理流程和强化法规与社会流程（见图 2-11）。

强化运营管理流程： 对货品的生产、供应做好管理，可以适当提升进货成本价以保证产品质量，可以对当前的供应商进行梳理，找到可以生产客户所需产品的供应商。

强化客户管理流程： 后台针对客户服务环节制定相关的流程，包括客户选择标准、获客流程、保持流程、裂变增长流程。

强化创新管理流程： 只有创新才能增加新客户，获得高利润，不创新就只能维持再生产。公司的创新要常态化，要每年进行市场调研，不能闭门造车；要建立机会识别、研发组合、设计/开发、新品上市流程。

强化法规与社会流程： 国有国法行有行规，公司要安排专门的人

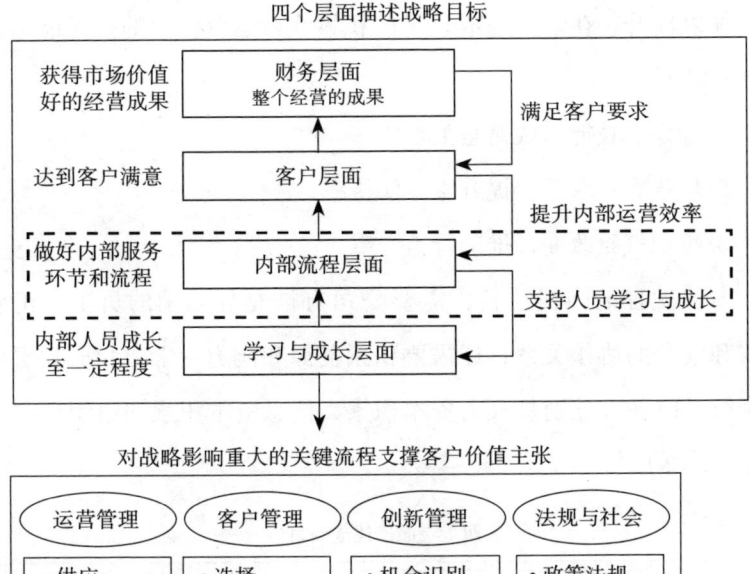

图 2-11　内部流程层面描述战略

员对政策法规、安全与健康、招募、社区责任等进行统筹，建立经营边界，不给年度经营目标做减法。

通常快时尚女装品牌的运营要求补货速度快；大淑女装品牌要求 VIP 服务质量高；鞋业品牌要求爆款 45 天不断货，60 天不剩货；设计师品牌要求创新管理水平高；全国经营的品牌连锁对法规和社会流程要特别关注。公司可以根据自身情况选择其中一个流程进行深耕，这是对战略影响重大的关键流程。

4. 第四步，推动人员学习与成长，支撑内部流程协调一致

人员的能力是对战略目标的实现最重要的无形资产。对内部运营的优化和改善来说，公司中每个人的能力都非常重要，能力不足者就

需要加以提升。在学习与成长层面积累执行运营流程的技术能力，关键点有以下三个：

① 知识、技能、诀窍至关重要；

② 增强客户联系，提升服务保持率；

③ 组织气氛改变，推动行为变革。

内部流程的顺畅执行，需要公司有被充分激励的员工、正确的授权和紧密的协作关系，还需要积累资源和能力。学习和成长层面有三个行动路径，分别是人力资本积累、信息资本积累和组织资本积累（见图2-12）。

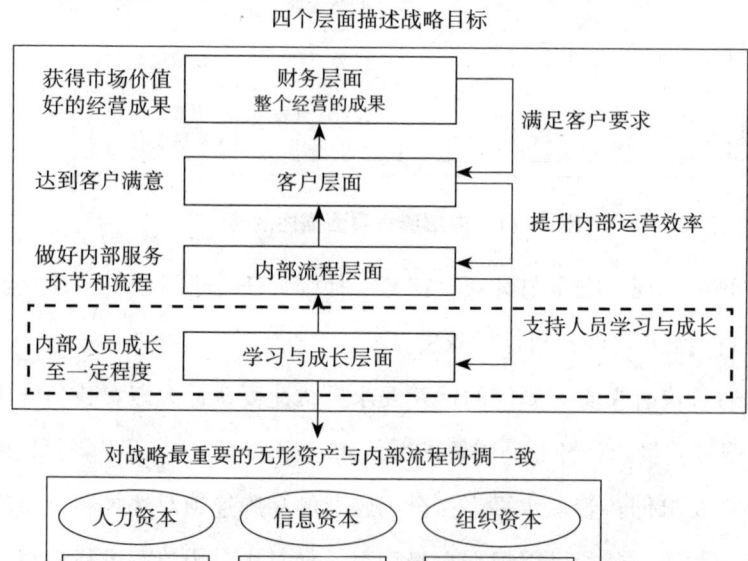

图2-12 学习与成长层面描述战略

人力资本积累：把流程执行到位，需要有技能的人，用学习与成长提升员工执行力。公司需要对员工进行工作方法培训，再用任务检测出高素养的人。

信息资本积累：智能的数字运营系统可以减少分析时间，通过数据和信息过滤、演算找出人要解决的问题。强大的数据库和中台系统可以拉通所有的信息孤岛，实现全天候、全渠道、全触点的数字追踪。

组织资本积累：良好的组织氛围是做好内部流程的基础。要凝聚一批坚守公司文化理念，有士气、有执行力、有领导力的人。

通常快时尚品牌会在信息资本上发力，借助数字化加快市场反应速度；大淑女装品牌会在人力资本和组织资本上发力，借助专业能力强的导购，执行艰巨的高价格产品销售推广任务；鞋业品牌会在信息资本和人力资本上发力，借助数字化转型和专业能力提升，改变存货周转率低、毛利率差的现状。

5. 第五步，画出战略目标的平衡计分卡，找出支撑财务成果的驱动因素

通过以上四步，我们已绘制出战略地图四个层面的因果关系图（见图2-13）。

接下来以四个层面为指南，逐层选择行动路径，设计每一层要完成的大事——我们把这些必须做的事叫作战略目标，然后给这些事的结果确定衡量指标，最后基于团队能力和资源进行估算，设定考核指标值，以此形成平衡计分卡。

平衡计分卡揭示了企业能够完成经营目标的驱动因素。把它和战略地图的四个层面相结合，可以衡量明年的经营变革障碍在哪里。

平衡计分卡有两个特性。一是满足向上一层的动因关系，也就是下一层的指标是上一层的关键驱动因素。二是在战略执行过程中，下

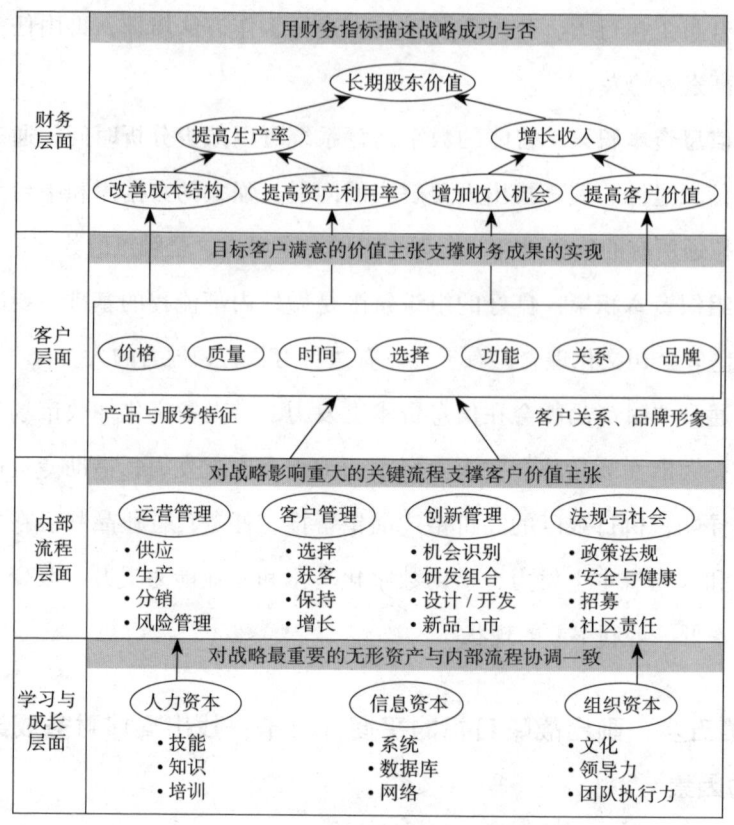

图 2-13 战略地图四个层面因果关系图

层指标达不到,上层指标也就达不到,最终会影响公司财务层面北极星目标的完成。现在的经营环境变化莫测,公司很需要这样的经营监督系统,扫描战略执行的状态。

如表 2-4 所示,该企业在财务层面设定了利润提升 15% 的北极星目标,为了实现这个目标,需要收入增长、周转率提升、客单价增长、用户量增长连环支撑,也就是说后四个目标如果实现,北极星目标就可以达到。所以该企业财务层面行动路径的选择,体现为五个战略目标,对每一个都设定了衡量指标和目标值,执行过程中一旦利润提升出现异常,就可以通过检查后四个目标,找出问题所在,组织攻坚。

表 2-4 战略目标的平衡计分卡

层面	战略目标	衡量指标	目标值
财务	1. 利润提升	利润率增长	15%
	2. 收入增长	增长率	25%
	3. 周转率提升	周转率	5 次
	4. 客单价增长	增长率	18%
	5. 用户量增长	增长率	20%
客户	1. 稳定商品价格	销均价增长	5%
	2. 提高产品质量	次品率	1%
	3. 加快上新速度	周上新率	25%
	4. 丰富品种	品项数提升	30%
	5. 美丽天使一对一服务	新增用户数	4000 人
内部流程	1. 用户分层	标签采样率	75%
	2. 线上用户	注册数提升	75%
	3. 波段上市管理	售罄率提升	30%
	4. 可降解包装	使用率	100%
学习与成长	1. 搭配技能训练	通过率	90%
	2. 数据分析师考核	通过率	95%
	3. 系统应用提升	准确率	90%
	4. 专业护理资格获取	持证人数	7000 人

客户层面行动路径的选择，有五个战略目标，分别是稳定商品价格、提高产品质量、加快上新速度、丰富品种和美丽天使一对一服务。每一个都有各自对应的衡量指标和目标值，它们是客户层面的关键驱动因素。

内部流程层面行动路径的选择，有四个战略目标，分别是用户分层、线上用户、波段上市管理和可降解包装。它们是内部流程层面的关键驱动因素。

学习与成长层面行动路径的选择，有四个战略目标，分别是搭配技能训练、数据分析师考核、系统应用提升和专业护理资格获取。它们是学习与成长层面的关键驱动因素。

6. 第六步，设计一连串行动方案，落实责任方，促进目标完成

有了战略目标，就要将其转化为实际行动。每个战略目标对应1~3个行动，总行动数控制在20个以内。要注意，行动方案的选择标准是：有成本优势、资源利用率高、易于操作、责任到人、可管理。

具体做法是在平衡计分卡右侧加入行动计划和里程碑（见表2-5）。

表2-5 战略目标的行动方案

平衡计分卡				行动计划		里程碑
层面	战略目标	衡量指标	目标值	行动方案	责任方	时间表
财务	1. 利润提升	利润率增长	15%	减少无毛利促销		
	2. 收入增长	增长率	25%	增加销量		
	3. 周转率提升	周转率	5次	减少过季库存		
	4. 客单价增长	增长率	18%	增加高单价产品		
	5. 用户量增长	增长率	20%	私域运营引流		
客户	1. 稳定商品价格	销均价增长	5%	高价值客户召回		
	2. 提高产品质量	次品率	1%	门店到货全检		
	3. 加快上新速度	周上新率	25%	每周准时两次上新		
	4. 丰富品种	品项数提升	30%	每周调整商品结构		
	5. 美丽天使一对一服务	新增用户数	4000人	VIP权益更新		
内部流程	1. 用户分层	标签采样率	75%	用户画像工程		
	2. 线上用户	注册数提升	75%	启动线上商城		
	3. 波段上市管理	售罄率提升	30%	引入快反技术		
	4. 可降解包装	使用率	100%	升级形象		

（续表）

平衡计分卡			行动计划		里程碑
层面	战略目标	衡量指标	目标值	行动方案	责任方	时间表

层面	战略目标	衡量指标	目标值	行动方案	责任方	时间表
学习与成长	1. 搭配技能训练	通过率	90%	晋级培训行动		
	2. 数据分析师考核	通过率	95%	晋级培训行动		
	3. 系统应用提升	准确率	90%	信息化改造项目		
	4. 专业护理资格获取	持证人数	7000人	岗位资格		

例如，在客户层面中有稳定商品价格的战略目标，衡量指标是销均价增长，目标值是增长5%，设计的行动方案是把高价值客户召回。

提高产品质量这个战略目标，衡量指标是次品率，目标值是1%，设计的行动方案是门店到货全检。

加快上新速度这个战略目标，衡量指标是周上新率，目标值是25%，设计的行动方案是每周准时两次上新。

做完前面所有步骤，就得到了完整的战略地图（见图2-14）。

战略地图中包含战略主题、四个层面的因果关系、平衡计分卡、行动计划、里程碑五个部分。

绘制时要注意三个原则：因果关系的上下逻辑可信，业绩驱动因素顺畅，所有的衡量指标归于财务指标。这是指从北极星目标向下可以把每一个目标联结在一起，而每一个目标都会针对某个责任方，可计量、可考核、可管理，同时目标值科学合理，可落地执行。

别忘了，要为战略主题起一个名字，便于在公司内部进行传播，用大家易懂易记的词句易于深入人心。

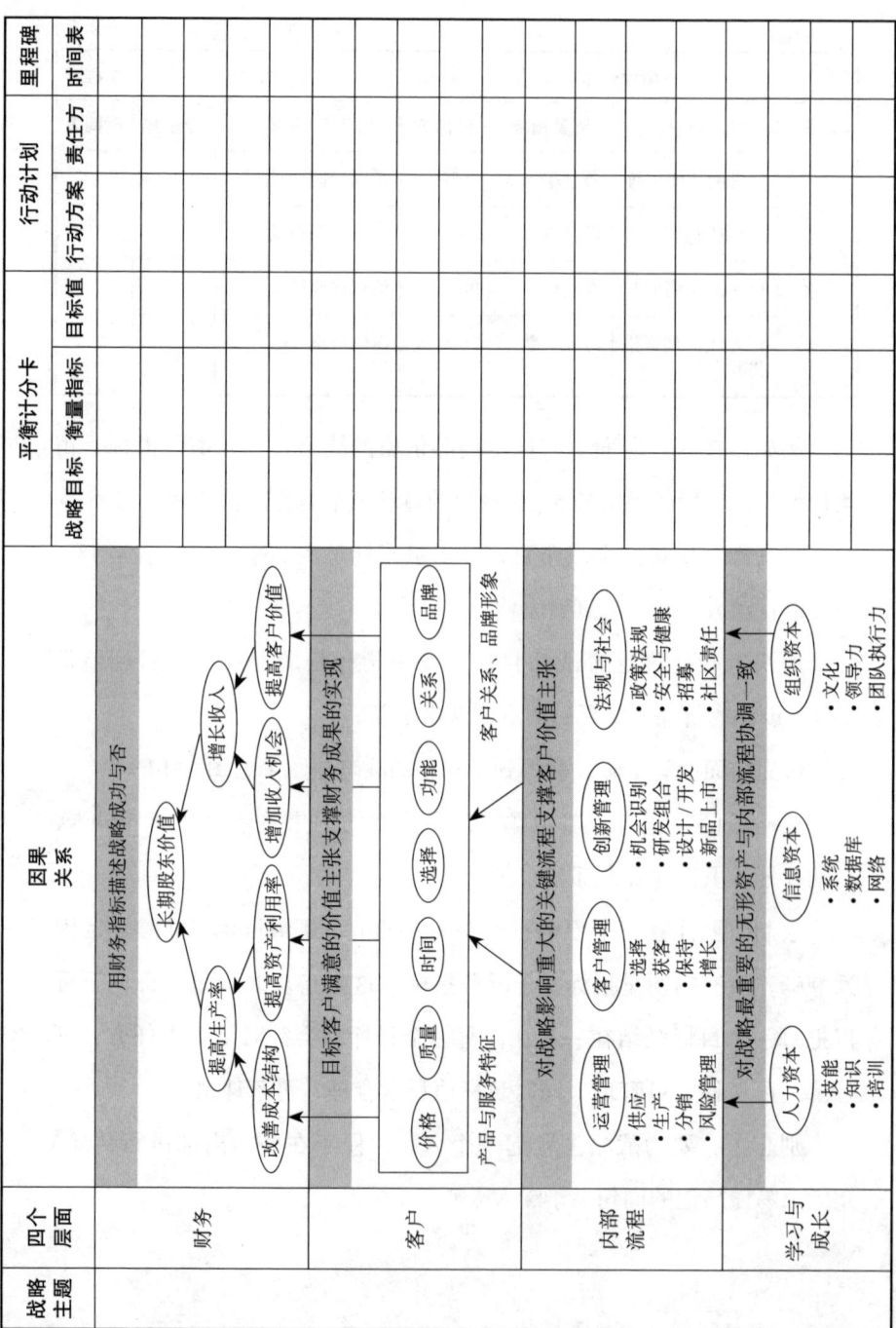

图2-14 战略地图模板

第二章　四个层面画出战略地图

------| 实践要点 |------

1. 战略不是喊出来的，有了战略目标，还要有行动方案、衡量指标和数字监控。

2. 财务层面战略目标，公司在不同阶段会有不同的北极星目标。

3. 客户层面战略目标，客户分级管理是关键。

4. 内部流程层面战略目标，用创新的流程提高反应速度、精准度、缩短周期是关键。

5. 学习与成长层面战略目标，机制、授权、激励、协作是关键。

6. 要给战略地图起一个名字，作为战略主题，方便在组织内传播。

7. 平衡计分卡可以加入"预算"，列出行动方案的开支，报财务审批。

8. 多个战略目标的责任人可以指定同一人。

9. 衡量指标不能过多，否则会造成目标失衡，管理资源浪费。

10. 每一项战略目标的行动方案都要有里程碑和时间表，防止贻误时机。

战略地图的案例解读

以下对三个案例企业的战略地图进行解读。第一个是总成本最低战略，企业是自有品牌，快时尚连锁经营。第二个是产品领先战略，企业是品牌零售商，期货制连锁经营。第三个是客户至上深度分销战略，企业是品牌总代理，期货制加盟连锁经营。

案例 2-4

企业背景说明：大众消费，快时尚，客群年龄为16~45岁，产品打造极致性价比，价格区间为19~149元。有2000多家实体店，轻营销，较少有打折活动。有设计师、自建工厂，采用总代理联营分佣模式，加盟商只负责租赁门店和招聘员工，企业承担库存和商品控制，按照约定比例定期进行销售额分佣。

这个企业面临多个竞争对手的价格战和加盟商抢夺战，在此高压环境下明年如何经营？

战略定位：总成本最低战略。

战略逻辑：快速反应。

自有品牌赛道的关键成功要素包括：

① 提供有限的产品和服务，降低成本；

② 缩短服务时间；

③ 收到产品时间缩短；

④ 突出运营流程高效；

⑤ 分销流程低成本零差错；

⑥ 客户管理流程提供便利；

⑦ 了解最大客户群需求；

⑧ 做产品追随者而非领先者；

⑨ 复制别人，也可创新。

参考战略目标：运营管理流程优化、客户管理流程优化、供应链效率提升、降低经营成本、产品贴近行业领导者。

参考行动方案：提高上市反馈速度、安全库存管理、生命周期管理、商品企划流程、采购预算流程、补货流程、调拨流程、客户服务流程、店面服务流程、直播流程、管理层巡店、供应商分级管理、数据分析系统授权一线。

本案例企业的战略主题：提升效率、降低成本。

最终，该企业形成如图 2-15 所示的战略地图。

第二章 四个层面画出战略地图

战略主题	四个层面	因果关系	平衡计分卡			行动计划		里程碑
			战略目标	衡量指标	目标值	行动方案	责任方	时间表
提升效率、降低成本	财务	追求收入的高增长，抢占市场份额 股东价值 → 增加门店 → 收入增长 → 提高门店单产 资金使用效率高 / 周转率提升 / 适当选择 成为行业成本最低者	1. 收入增长	同比增长率	30%	省外招商计划	市场	
			2. 增加门店	净开店数量	300个		市场	
			3. 周转率提升	周转率	5次	门店定储管理	商品、财务	
			4. SKU减宽做深	提高平均深度	30%	爆款工程	采购、商品	
			5. 战略级供应商	采购占比	40%	供应商绩效评估	采购、商品	
	客户	提供一致的、更好的、更便宜的产品 质量优异 / 快速购物 / 法规与社会 成本低价格低	1. 降低零售价格	销均价增长	-10%	每周商品配置诊断	商品、营运	
		稳定优质、快速反应	2. 提高产品质量	次品率	1%	门店到货检验	营运	
			3. 补货速度快	缺货率	10%	建立省级分仓	商品、物流	
			4. 满足需求	动销率	85%	上市协同过速	商品、营运	
			5. 提高成交量	增长率	20%	扫码选款取货	商品、营运	
	内部流程	运营管理 • 供应商分级 • 准时配送 • 分区闭环 • 风险管理	1. 采购流程优化	预算准确率	90%	精准采购环节推广	采购、商品	
		客户管理 • 智能端登录 • 市场调查 • 用户分层	2. 调效流程优化	节约费用	30%	分区闭环管理	商品、营运	
		创新管理 • 线上云店 • 对标跟款 • 回笼率监控 • 周转率监控	3. 门店经营分析	售罄率提升	30%	52周业务管理	商品、营运	
		法规与社会 • 质检防损部 • 店员委员会	4. 定期活动规划	折扣率	78%	促销策划	营运	
	学习与成长	人力资本 • 生命周期管理 • 单品标准化作业 • 质量管理	1. 目标管理训练	通过率	90%	置级培训行动	营运	
		信息资本 • 门店扫码下单系统 • 供应商VMI协同管理 • 信息共享	2. 门店经营训练	通过率	95%		商品、营运、采购	
		组织资本 • 分区指挥部 • 商销店播报	3. 选款技术训练	通过率	70%		商品、营运、采购	
		一个能力强、精力充沛、士气高昂、技术熟练的团队	4. 商品运营能力	通过率	70%	岗位资格	营运	

图2-15 自有品牌战略地图

案例 2-5

企业背景说明：核心顾客为成熟女性，消费水平比较高。有30多家实体店，主打让女性自信，而且生活有活力、精致的产品。提供着装顾问、搭配专家、衣橱管理师、VIP至尊专享服务。推广方式主要是朋友圈、直播推荐＋社群营销。优势在于优质门店、专业买手和店员。

这个企业面临核心VIP流失、高销店员老龄化、品牌公司的过季产品在线促销抢单等问题，在此高压环境下明年如何经营？

战略定位：产品领先战略。

战略逻辑：创新不止步。

品牌期货制零售商赛道的关键成功要素包括：

① 先锋客户看重的是产品，愿意支付高价格；

② 比对手有速度、精准度；

③ 产品独特；

④ 在细分群体推广产品；

⑤ 懂时尚，在全球发现新机会；

⑥ 坚定不移研发新产品；

⑦ 新平台、新机会、新客户。

参考战略目标：收入增长、毛利率提高、新品售罄率提高、预算制采购、老客户回购、新客户增加。

参考行动方案：单店业绩增长、门店分级增加高单价品、采销平衡减少折扣、批次上市8周售罄93%、每周两次分析会、新市场拓展、增加员工培训费用、设置旅游奖励基金、店面形象升级、线上运营投入加大、规范化物流、上下联动。

本案例企业的战略主题：更好的产品、更好的客户。

最终，该企业形成如图2-16所示的战略地图。

第二章 四个层面画出战略地图

四个层面	战略主题	因果关系	平衡计分卡			行动计划		里程牌
			战略目标	衡量指标	目标值	行动方案	责任方	时间表
财务	更好的产品、更好的客户	追求收入高增长、产品高盈利	1. 收入增长	同比增长率	15%	高价值客户召回	营运	
			2. 提高毛利率	折扣率提升	20%	品牌宣传计划	营运	
			3. 新客户增加	用户增长率	18%		营运	
			4. 新产品收入增	占比提升	20%	先锋使用者发现	营运	
			5. 延续产品周期减少	采购占比	15%	客户需求分析	采购、商品	
客户		在更多客群中拓展产品的独特功用	1. 增加新品投放	新品占比	85%	每周商品配置诊断	商品、营运	
			2. 更改价格	销均价提升	20%		商品、营运	
			3. 老客户回购	复购率提高	25%	用户偏好分析	营运	
			4. 提升客户体验	成交单数增长	20%	一对一服务制度	营运	
			5. 上市节奏优化	周上市数	15%	波段上市管理	商品	
内部流程			1. 采购流程优化	预算准确率	90%	精准采购行动	采购	
			2. 提高预售比例	占比提升	30%	线上营销	营运	
			3. 开展客户教育	直播次数	15次	着装美学课堂	营运	
			4. 开发新产品	成功率	20%	先锋款管理流程	采购、商品	
学习与成长			1. 目标管理训练	通过率	90%		营运	
			2. 门店经营训练	通过率	95%	晋级培训行动	营运	
			3. 高单成交训练	通过率	70%		营运、采购	
			4. 商品运营能力	通过率	70%	岗位资格	商品、营运	

图2-16 品牌期货制零售商战略地图

案例 2-6

企业背景说明：客群年龄定位25~65岁。优质产品，强性价比，合理的心理价位，保证加盟商合理利润，有100多家实体店，连带推荐、促销活动多，有运营中心做客户维护。

这个企业面临加盟商业绩衰退、订货量锐减、促销活动效果变差、竞品争夺客户抢走加盟商等问题，在此高压环境下明年如何经营？

战略定位：客户至上深度分销战略。

深度分销指的是把营销从后台职能外放，就是把企业的商品部、营运部、财务部变成加盟商的商品部、营运部、财务部，企业为加盟商提供专业化服务，赋能门店业绩增长。

战略逻辑：建立长期信任。

品牌期货制总代理赛道的关键成功要素包括：

① 客户信任；

② 解决方案具有全面性；

③ 保留客户才能有利润；

④ 提供类别更丰富的产品；

⑤ 提供更加专业的服务；

⑥ 数据洞察客户产品偏好；

⑦ 获得品牌授权，扫清障碍；

⑧ 一个客户代表做客户服务入口。

参考战略目标：经销商获利增长、提升品牌形象、吸引保持更多客户、提高客户满意度。

参考行动方案：补货调拨高效、协助加盟商提升经营能力、经销商一对一顾问、铺货精准、门店用户画像、定期举办客户联动活动、终端服务能力大赛、导购职业素养评比、直播流程优化、定期计划完

第二章 四个层面画出战略地图

战略主题	四个层面	因果关系	平衡计分卡			行动计划		里程碑时间表
			战略目标	衡量指标	目标值	行动方案	责任方	
提升效率优异运营	财务	收益增长 ← 收入增加 ← 减少过季库存	1. 经营利润提高	利润增长	19%	无低于成本促销	营运	
			2. 公司收入增加	收入增长	22%	减少全场活动，增加线上销售，员工激励 PK	营运	
			3. 订单盈利提高	6 个月回笼率	160%	单产提升 PK、增加线上销售、员工激励计划	商品	
			4. 过季库存少	退货后库存率	15%	采购预算审批制度、建立特渠、门店 AB 单制度	商品、营运	
	客户	吸引利和保留更多顾客 ← 保持优价	1. 有新增顾客	顾客增长率	20%	转介积分计划、一对一穿搭服务、潮品社区	营运	
			2. 复购率提高	复购率	20%	温馨购物店、招募美丽天使、黄金连带播报	营运	
			3. 价格最优	春季均价（吊牌）	390元	顾客分层服务、高价促销测增引卡	营运、商品	
	内部流程	商品快速周转 ← 配送速度快 ← 优质产品	4. 每周更新 SKU	周上新率	15%	每周销售推广、12 周销售动，晨会目标激励机制	营运	
			5. 按时出清 SKU	8 周清款率	60%	清季奖励、惊喜价购物卡	商品	
			1. 减少库存天数	门店存销比周数	10 天	门店存销比监控系统，单品存销管理	商品	
			2. 配送速度快	市内配送	8 小时	分级物流管理制度、安全库存管理、缺货预警	物流	
			3. 减少不良商品	次品率	1%	质检流程、门店到货检验流程	物流、商品	
	学习与成长	每周联席会议 ← 领导时间 ← 月度业务计划 ← 消费者需求分析	4. 减少零售退货	门店月次数	5 次	每周商品结构规划、价格结构规划、爆款模型	商品、营运	
			1. 销货准确率高	1 周内动销率	60%	买手体系、每周商品销售分析、店长订货	营运	
			2. 商品标签丰富	完善度	85%	买手审版制度、门店标签、店长反馈收集	采购、商品、营运	
			3. 月度采购精算	准确率	90%	营运计划滚动制度、品类 OTB 测算、波段上市	采购、商品、营运	
			4. 用户画像精准	完善度	75%	用户标签、用户分层、RFM 模型管理	商品、营运	

图 2-17 品牌期货制总代理战略地图

成分析会、加强企业文化建设。

本案例企业的战略主题：提升效率、优异运营。

最终，该企业形成如前页图2-17所示的战略地图。

---- 实践要点 ----

1. 管委会成员仔细解读三个案例，每个人都要对案例进行评论，直到所有人彻底理解三个赛道的关键成功要素。

2. 将案例中的战略目标与参考行动方案进行关联，探讨是否有更加优秀的行动方案支撑某个战略目标。

3. 提炼本公司所处赛道的关键成功要素，可以从商业模式画布、外部环境分析、竞品画布、价值曲线中抽取信息。

4. 战略主题是指内部运营流程中，公司要聚焦资源重点推行的某个流程。

5. 战略逻辑是指形成战略的想法和推理，是依据和动因，来自行业经验。多接触成功企业，多做战略解读，自然会形成价值链思考方式。

北极星目标速查手册

如何选择财务层面的北极星目标？如何适配另外三个层面的驱动因素目标？

第一，不同的北极星目标，呈现出公司不同的战略意图。

不同公司的经营环境差异很大，对北极星目标的选择也会有所不同。北极星目标速查手册（见图2-18）中列出了三种目标：第一种是销售额至上，公司期望提高业绩规模；第二种是毛利润至上，公司期望

第二章 四个层面画出战略地图

北极星目标：销售额
适合新模式、处于发展上升阶段的品牌或渠道。要求销售额，快速抢占市场份额

财务层面	毛利润 毛利率 销售额
客户层面	平均折扣 成交单数 新品占比 新顾客占比 成交率 流失率
内部流程层面	退货率 促销占比 客流数量 人效 回购率
学习与成长层面	专业考核通过率 活动目标完成率

北极星目标：毛利润
适合经营时间久、处于成熟阶段的品牌或渠道。业绩增长空间小，要向毛利润要效益

财务层面	销售额
客户层面	客单价 成交单数 顾客增长率 连带率 件单价 进店客数 成交率 流失率
内部流程层面	退货率 缺货率 存均价 客流数量 进店率 回购率
学习与成长层面	专业考核通过率 数据准确率

北极星目标：周转率
适合 SPA 自有品牌或组货制，波段采购的品牌或企业

财务层面	周转率 销售率 库存率
客户层面	新品销量 过季库存销量 上新率 库龄 动销率 清款率
内部流程层面	退货率 促销占比 库存天数 补货量 售罄率
学习与成长层面	信息系统预算 专业考核通过率 目标完成率

图 2-18 北极星目标速查手册

提高获利水平；第三种是周转率至上，公司期望提高资金周转速度。

再比如，渠道规模北极星目标表明公司要快速拓展，把门店的数量提上来，这样才能在一个地区站稳脚跟，提高在供应链的话语权。用户量增长北极星目标表明要把门店的纳新变成整个公司的攻坚战，这样才能扩大用户池。

第二，部门目标协调一致：各层目标向上支撑，适配公司全年的北极星目标。

选定北极星目标后，在各个层面的驱动因素指标不管是从下向上还是从上向下，都一定是逻辑适配的，也就是在商业上要说得通。每个目标都要有负责的部门，这样能形成部门目标协调一致的局面，防止出现无用目标，保证了各层目标向上支撑，推动北极星目标完成。

第三，每个层面的衡量指标都会有不同的路径选择，要因地制宜，多方协商。

在平衡计分卡中，衡量指标既与战略目标联结，又与行动方案联结。因此会有很多种方式达到一个目标的情况，自然衡量指标就不一样。比如销量提升这个战略目标，可以在客户层面提高复购率，也可以在财务层面考虑增加成交单数。所以要各个部门进行协商，这也是成立管委会，让大家齐心协力制定战略的初衷之一。

下面具体介绍四个层面各自的目标速查手册。

1. 财务层面目标速查手册

企业可按照所处生命周期的阶段选择财务层面北极星目标：成长期——收入增长率、渠道规模增长；成熟期——收入增长、毛利增长；衰退期——快速获得现金流。表2-6是财务层面目标速查手册。

表 2-6　财务层面目标速查手册

层面	战略目标	衡量指标	行动方案
财务	收入增长	提升业绩、提升折扣、提升定价倍率、提升毛利率、降低费用率	单店业绩提升、省外拓展、增加门店量、增加客户储值额
	利润增长	提升售罄率、提升存货周转率、提升资金回笼、降低采购成本	店铺分级配置高性价比产品、采销平衡减少亏损、严选供应商集中采购降成本
	成本控制	控制财务费用、控制销售费用、降低管理费用、优化成本结构	新市场拓展投资、增加员工训练费用、旅游奖励基金、店面升级、增加线上运营投入、规范物流
	提高资金利用率	减少库存资金占用、降低库存、减少物流费用	规范化采购、批次上货 8 周售罄率 90%、每周 2 次分析会加速商品流转、新品上市不动销早决策、降低调拨频率

2. 客户层面目标速查手册

目标客户群体是财务目标的收入来源，要重视客户价值主张，包括客户对价格、质量、功能、形象、商誉、关系和服务的偏好。表 2-7 是客户层面目标速查手册。

表 2-7　客户层面目标速查手册

层面	战略目标	衡量指标	行动方案
客户	老客户回购增加	增加品类和款式、性价比提升、优化产品结构、提升新品购买量	细致分析客户数据，精准采购产品；提供愉悦的购物体验；确保产品质量
	新客户增加	VIP 服务优化、退换货效率提升、铺货精准、补货调货快速	提供高性价比产品；线上线下销售联动，加快客户需求响应速度；定期举办客户活动
	经销商获利增长	协助经销商提升经营能力、增加库存销售渠道、提高客户满意度	加强终端服务能力、加强导购素养、提高线上销售能力
	提升品牌形象	客户衣橱顾问人数、个人形象顾问人数、经销商经营顾问人数、增加品牌宣传力度	以客户需求导向适当引导、品牌宣传活动

3. 内部流程层面目标速查手册

内部流程，重点是财务层面和客户层面已经设定好的战略目标的支持流程。表 2-8 是内部流程层面目标速查手册。

表 2-8　内部流程层面目标速查手册

层面	战略目标	衡量指标	行动方案
内部流程	运营管理流程优化	商品售罄率、商品回笼率、商品毛利率、供应商畅销款上榜率、采购预算完成率、调拨费用	提高新品上市反馈速度、提高供应链管理水平、商品企划流程优化、商品采购流程优化、商品补货流程优化、商品调拨流程优化
	客户管理流程优化	流失率、新增数量、折扣率提升、人效提升、客户贡献度提升	客户服务流程优化、店面服务流程优化、直播流程优化
	供应链流程优化	上新率、补中率、缺货率、次品率	供应商分级管理、采购资金合理使用、调拨逻辑、流转方向设计、生命周期管理
	设计新产品、新服务	创新产品投资占比、线上投入资金	收集每季创新款上市反馈、开展线上营销

4. 学习与成长层面目标速查手册

学习与成长层面关注三个方面：员工能力、信息系统能力、激励授权和协作。表 2-9 是学习与成长层面目标速查手册。

表 2-9　学习与成长层面目标速查手册

层面	战略目标	衡量指标	行动方案
学习与成长	员工能力提升	目标完成率提升、专业认证资格人数、损耗率、数据分析考核通过率	商品运营管理技能训练、定期数据分析会、美学课程学习、搭配方案分析、定期演练、店长各项能力 PK
	信息化水平提升	商品信息准确率、用户信息准确率、线上系统使用率、在线人数	精通软件应用、定期店长培训、行业新技术应用
	计划制订能力提升	采购销售计划、上市计划、商品企划、年度经营计划、月业务计划、周业务计划管理	商品企划培训、各大秀场流行趋势掌握、月度门店盈利分析、定期工作会议
	企业文化打造	员工满意度、流失率、编制人数、工龄	团队内部搭配知识分享、企业文化建设、团队执行力训练、员工职业生涯规划

第二章　四个层面画出战略地图

----------------| **实践要点** |----------------

1. 先确定公司总体战略目标，其中重点关注北极星目标。然后分四层画出因果图，要求环环相扣、逻辑可信。再确定一年的战略主题，也就是内部运营层面的某个事关成败的关键流程。最后设定每一个衡量指标和目标值，重点是落实到部门。

2. 战略能否实现，要点在于每个衡量指标的行动计划，这是相关责任部门根据衡量指标制订的工作计划。

3. 明确责任人和时间表才能有人管，战略最终还需有人来完成落地。

4. 要把绘制好的战略地图作为年度经营计划启动会的重要宣讲内容，图中有每个部门要承担的战略目标和要完成的行动，也有时间表。接下来就要让每个部门对自己承担的战略目标进行计划分解和工作计划制订。

5. 安排公司的三个重点部门——营运部、商品部、财务部将本部门明年的战略目标计划分解书上交管委会，由管委会对部门级的计划进行审查，并根据总体经营战略对各部门计划进行调整。

第二篇

年度经营计划的
部门分解

第三章

年度营运计划制订

> 市场销售资源盘点

> 门店经营目标分解

> 门店营销计划制订

导言 | 提升营运效率不能只靠营运部

确定了公司的经营目标,下一步就是分解目标并设计相应的方案支持目标完成。在这件事上,不少处于微利阶段的公司的营运管理团队有两种思路:其一,目标有点高,分解不下去,因为门店的目标定高了,完成率低会影响员工的士气;其二,持平就是赢,加大活动力度,多做促销,业绩与去年相比不差就可以。

这两种思路的出现,意味着公司原有的营运管理方式已经老化失效,营运部失去了提升门店销售潜力和抓效益改善的能力。大家只关心门店业绩目标的高低,没人关心门店的经营收益,更不在乎毛利率。门店定了低目标,员工业绩完成率好看,提成有了保障,可是门店还是免不了亏损甚至关门的结局,到时候人心会更加浮动,公司就会更加不稳定。要想彻底提升公司的战斗力,先要在组织机制上发力。

为了扭转不利的局面,不能只靠营运部单打独斗,需要把各部门(主要是财务部、采购部、商品部、营运部)的中层经理联合在一起,组建总前委(指挥中心),共同完成公司年度经营目标的落地执行。

要在渠道内创建三层落地指挥系统,打通总前委与门店之间的信息通路(见图3-1)。

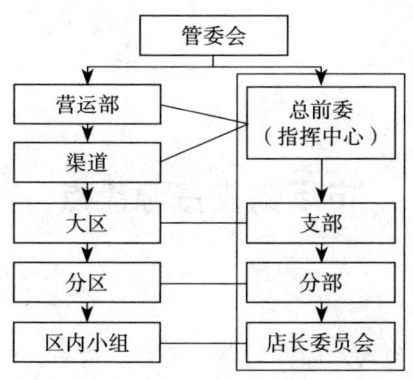

图 3-1 三层落地指挥系统

第一，在各大区由营运主管与商品主管联合成立大区落地组织，叫作支部。

第二，在大区的分区由督导与商品专员联合成立分区落地组织，叫作分部。

第三，在分区中将 3~5 家店划成一组，成立区内小组。选一个店长作为组长，全权负责本小组门店的落地调控。

第四，成立店长委员会，把区内小组的组长聚集在一起，参与分区营运管理，维持团队纪律，监督盈利水平，开展技能比拼、店员思想教育，与分部保持行动同步，实现上情下达、下情上达，调动广大店员的积极性和创造力。

现在，各部门中层经理已经集合在总前委，你作为总指挥，要提出当前最重要的工作内容：制订年度营运计划，把公司明年的整体目标进行分解，逐一落实到每个门店。

这项重要工作可以分三步完成：第一步，盘点市场销售资源，看清渠道经营状况，定好策略；第二步，制定门店经营目标，逐店、逐月、逐人分解；第三步，制订门店营销计划，线上线下联合行动。

市场销售资源盘点

市场销售资源包含六项：门店、顾客、货品、导购、竞品和线上。对这六项销售要素的实际状况进行盘点分析，查遗补漏，取长补短，有利于合理设计渠道层次关系，实现优势互补，达到效率最大化。

建立渠道地图，挖掘门店潜力

分解公司总体经营目标，需要对渠道门店的销售潜力进行预判，总前委要做出如表3-1所示的经营盘点表，把渠道财年的数据进行整合，形成渠道地图。

渠道地图的结构分三层：

第一层为自然属性，包括省份、城市、经营性质、区域、店铺名称、开业时间和面积。这些属性，门店开业就随之存在，一般不会变化。

第二层为营销属性，包括渠道等级、城市等级、业绩等级、营销功能和营销目的。这些属性会根据营销状况产生变化。

第三层为经营效益，包括盈亏情况、业绩完成、业绩增长、销量增长、VIP消费占比、消费水平、毛利率水平和销售折扣。

建立渠道地图的价值何在？

渠道地图能够让你找出门店的优质渠道，知道明年的渠道管理重心是什么，如何规划门店的业绩发展，怎么为门店提供服务。

表 3-1　年度门店经营盘点表（渠道地图）

	门店编号	1店	2店	3店	4店	5店
自然属性	省份					
	城市					
	经营性质	联营				
	区域	三区				
	店铺名称	AAA				
	开业时间	长	中	短	新开	
	面积	超级大店	大店	标准店	小店	
营销属性	渠道等级	A	B	C		
	城市等级	一线	二线	三线	四线	
	业绩等级	A	B	C		
	营销功能	旗舰店	主力销售店	网络店	促销店	培训店
	营销目的	业绩型	利润型	流量型	影响力型	
经营效益	盈亏情况	盈利	持平	亏损	严重亏损	
	业绩完成	超额完成	完成	未完成	严重未完成	
	业绩增长	高	中	低	无	负
	销量增长	高	中	低	无	负
	VIP消费占比	高	中	低		
	消费水平	高价位	中高价位	中端价位	中低端价位	
	毛利率水平	较高	中等	低	严重变低	
	销售折扣	高	中	低	很低	

渠道的不同门店就像人的手指，每个手指都有不同的特点和常用的功能，人们大多习惯用拇指按图钉，用食指按电梯钮，用小指勾取细小物体，这是一种自然的分工。门店也是一样，有的门店业绩好但是折扣高，有的门店销量高但业绩低，有的门店只能卖低价位产品，

有的门店需要重点打造店内陈列，有的门店需要团队稳定，有的门店需要一周配两次货，有的门店要进行 VIP 精细化管理……

因此，总前委要组织专人对渠道网络的发展进行规划，开展一年一次的渠道梳理工作：一是核实每家门店的渠道价值等级，找到市场发展重心和重点保护门店；二是通过对门店销售和未销的产品进行结构分析，确定更加适合该门店的商品组合定位，并找到门店下半年的管理重点，给每家门店的业绩提升进行"个性化方案定制"。

在建立渠道地图时，有以下几点要做重点提示。

① 门店城市等级：根据国家行政区划确定。

统计每家门店的营业地址，根据最新的行政区划，门店在省级行政区（比如直辖市）对应一线城市店，在地级行政区（比如地级市）对应二线城市店，在县级行政区（比如县级市和县）对应三线城市店，在乡级行政区（比如乡、镇）对应四线城市店。比如某店位于黑龙江省哈尔滨市的道里区（市辖区），那么这个店就是三线城市店。

我们需要梳理出品牌业绩主要来自几线市场，毛利率高的是几线市场，亏损的在几线市场，等等。

② 门店渠道等级：确定所在城市的渠道业绩级别。

统计每个城市门店的全年销售业绩，确定该城市门店的业绩占公司总业绩的比重，然后按照 70%∶20%∶10% 将总体业绩比重分出 A、B、C 等级。具体方法是：首先，对各城市门店按全年业绩降序排序；其次，从上至下切分出业绩总和占总业绩 70% 的城市门店——称为 A 级渠道，再向下切分出业绩总和占总业绩 20% 的城市门店——称为 B 级渠道，剩余的城市门店业绩总和占总业绩 10%——称为 C 级渠道（见表 3-2）。如果不能正好切出 70%∶20%∶10% 的比例，也可适当上下浮动 2%~3%。

表 3-2 渠道级别划分

渠道级别	城市	门店业绩水平
A 级渠道	哈尔滨市	20.39%
	大庆市	9.70%
	佳木斯市	8.87%
	牡丹江市	5.31%
	齐齐哈尔市	4.85%
	双鸭山市	4.55%
	呼伦贝尔市	4.09%
	鸡西市	3.94%
	鄂尔多斯市	3.79%
	绥化市	3.79%
	鹤岗市	3.79%
		73.07%
B 级渠道	通辽市	3.41%
	大兴安岭地区	3.34%
	赤峰市	3.18%
	乌兰察布市	3.03%
	七台河市	3.03%
	伊春市	2.27%
		18.26%
C 级渠道	巴彦淖尔市	1.82%
	乌海市	1.52%
	三亚市	1.52%
	承德市	1.52%
	锡林郭勒盟	1.52%
	黑河市	0.77%
		8.67%
总计		100%

如表 3-2 所示：哈尔滨市属于公司的 A 级渠道城市，通辽市属于 B 级渠道城市，黑河市属于 C 级渠道城市，通过这种方式找到业绩贡献高的优质城市。

③ 门店业绩等级划分：确定门店的业绩级别。

总前委要确定本年的门店级别划分标准，例如门店年业绩超过 400 万元，评为 A 级；年业绩 200 万元至 400 万元（含）的，评为 B 级；年业绩低于 200 万元，评为 C 级。这个标准可以按每年实际情况进行调整。

④ 门店销售功能是怎么确定的？

门店可按销售功能定为旗舰店、主力销售店、网络店、促销店和培训店。

旗舰店代表公司的江湖地位，这个店铺是必须坚守的，不能倒闭。公司要不惜一切代价守住旗舰店。

主力销售店是在商圈里面最能表现公司价值主张的门店，其销售业绩好，员工销售能力特别强。

网络店的作用是保证主力销售店有足够的货源和人力，所以网络店的面积可能稍微大一点，在这里存着货、存着人，主力销售店缺货就从这里调货，缺人就从这里调人。

促销店会接收前面几个等级的门店卖剩的产品，包括滞销和断码、断色的库存，然后促销变现。

培训店是专门培训员工的，店长经验丰富，员工都是新人，这是给公司造血的。

这些功能各异的店铺丰富了渠道层次，它们优势互补，实现了物流集约，减少了渠道冲突，保证了分销的有效性。

⑤ 凭什么条件选择门店，组建区内小组？

一个分区内通常会有20~30家门店，我们可以将三家主力店、一家网络店、一家促销店划分成一个小组。再任命这五家店的店长中最精干的人为组长，这个人也是店长委员会的委员。在销售管理过程中，组长有权对五家门店的货品和人员进行调配，他相当于这一个区内小组的督导，既有顾客管理能力，又有商品运营技能，还有门店管理经验。

有的小组中，有公司的市场制高点门店，比如旗舰店、利润型门店。对这种店需要倾斜资源，重点保护。店内货品的更新速度要快，人员的水平要高，对它的营销支持要给到位。

有的小组的门店当中，有公司的高风险店，比如高租金、竞品密集的门店，对于这种店，组长要稳定其业绩和毛利。

组建了区内小组，就会形成一个环形防御体系，把高风险店和制高点店保护起来。有的公司还会让区内小组自己订货，区内卖一盘货，对畅、平、滞的商品也可以做内部调配，难卖的商品不外流。这极大地提升了门店的分销效能，以及渠道的整体经营效益。

建立用户标签，掌握消费习惯

在公司的 CRM 客户管理系统中建立用户标签，从不同维度对门店顾客进行分类，从而了解顾客都是谁，他们都有什么习惯。

如表3-3所示，我们可以从以下维度对顾客进行分析。

第一组是人口属性，包括顾客的年龄、所住区域、新老用户标志、教育程度、身高、体重、职业类型、收入水平、星座、血型、婚姻状况、生育状态，以及是否与老人同住等。

表3-3 顾客消费习惯分析表

人口属性	行为标签	产品偏好	流失预警	生命周期阶段
年龄	近一个月到场次数	品牌	正常	导入期
所住区域	近一个月试穿次数	风格	轻度流失	成长期
是否临时账户	近一个月购买次数	价格	严重流失	成熟期
注册时间	近一个月购买数量	材质	极严重流失	衰退期
新老用户标志	近一个月购买金额	尺码		流失期
教育程度	最近下单日期	版型		
身高	首单距今天数	元素		
体重	活跃时段	图案		
职业类型	上年购买次数	折扣		
收入水平	上年购买数量	节假日		
星座	上年购买金额	质量		
血型		潮流		
婚姻状况				
生育状态				
是否有老人				
是否有小孩				

第二组是行为标签，包括顾客一个月到场次数，试穿的次数，购买的次数、数量和金额，最近一次下单日期，首单距今天数，活跃时段（是上午、下午还是晚上），上年购买次数、数量和金额等。

第三组是产品偏好，包括顾客习惯购买的品牌、风格，顾客对价格、材质、尺码、版型、元素、图案等的要求，以及顾客对折扣、节假日、质量、潮流是否敏感。

第四组是流失预警。除了正常购买的顾客外，60天未购买产品的顾客算轻度流失，4个月不购买的顾客算严重流失，一年不购买的顾客算极严重流失。对轻度流失的顾客，要做预防性的营销；对于极严重流失的头部顾客，要找出原因，想办法召回这些高价值顾客。

第五组是生命周期阶段，分别是导入期、成长期、成熟期、衰退期和流失期。比如处于导入期的顾客在门店消费达到 5000 元的办卡门槛，就算进入成长期了。处于成熟期的顾客 4 个月不购买，就算进入衰退期了；如果他有一年都没来购买，那他就在流失期了。顾客的价值与其所处阶段有关（见图 3-2），门店要采取有针对性的策略，尽快将处于导入期的顾客引入成长期、成熟期，并尽量使之稳定在成熟期，同时，努力挽回进入衰退期和流失期的高价值顾客。

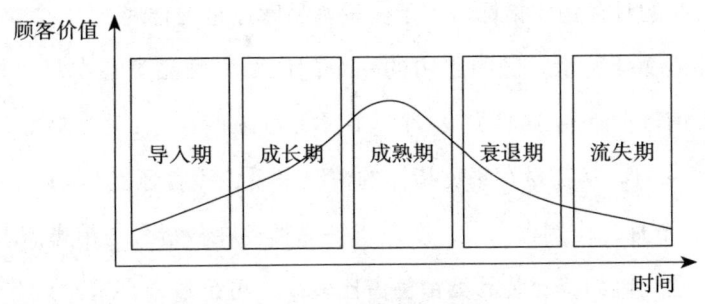

图 3-2　顾客生命周期

总前委要指导每一个区内小组做好管辖门店的顾客消费习惯分析，并让大家一起讨论：头部顾客希望买到什么样的产品？什么时候想买？比较满意的一对一导购是谁？我们的货品上市节奏该怎样设计？等等。还可以让区内小组按照门店当前最活跃顾客的用户画像，做相似顾客的挖掘，开发增量顾客。

分析月度销存，合理配置货品

每个月上什么货品最好？备多少库存合理？这两个问题是绝大多

数门店都很关心的。

总前委可以采用门店月度销存重心分析表（见表 3-4），对每一个门店进行月度货品盘点，找到最佳货品配置方案，按照方案给货，就可以让顾客买到喜欢的货品。

门店月度销售重心分析表分为三部分：第一部分是货品的本月销售数据，包含 SKU、数量、金额、均价、吊牌金额、折扣和占比；第二部分是货品的本月期末库存数据；第三部分是本月存销比，其中，数量存销比＝库存数量÷销售数量，金额存销比＝库存吊牌金额÷销售吊牌金额。

货品的月存销比指标可用于衡量货品库存是否合理。

如表 3-4 所示，区内小组的一个门店，半袖品类在本月销售 139 件，有销售贡献的 SKU 共 24 个。在本月期末库存有 39 个 SKU，库存数量是 3031。从数量存销比指标的情况来看，库存还能卖 21.81 个月，将近 22 个月，比例太高了，所以半袖品类存在备货量与销售需求不匹配的问题。再如，套装品类销售占比较高，可是数量存销比只有 0.66，说明库存备货偏低。

按照门店月度销存重心分析表，逐个门店复盘，至少做到以下几项工作：

第一，找出每个月最佳的品类销售结构，规划合理库存储备。

第二，找出销售与库存占比差异较大的品类，检查品类生命周期阶段，优化月数量存销比，控制在 1~1.5。

第三，找出销均价与库均价差异较大品类，检查品类价格体系存销比，优化月主力产品价格配置。

第四，盘点品类销售 SKU，分析无贡献 SKU 的成因和来源。

总前委要按照季节把门店过去 12 个月的销存重心分析表做出来，

表 3-4 门店月度销存重心分析表

品类	本月销售						本月期末库存				存销比	
	SKU	数量	金额（元）	均价（元）	吊牌金额（元）	折扣	占比	SKU	数量	金额（元）	均价（元）	占比	数量	金额（元）
短裙	28	136	30 758	226	33 208	93%	2.0%	39	2037	494 246	243	7.9%	14.98	14.88
长裙							0.0%	66	809	198 602	245	3.2%		
短裤	4	13	5424	417	5424	100%	0.3%	5	123	52 354	426	0.8%	9.46	9.65
上衣							0.0%	17	862	227 426	264	3.6%		
小衫	2	2	596	298	596	100%	0.0%	18	184	67 182	365	1.1%	92	112.72
半袖	24	139	61 353	441	66 872	92%	4.0%	39	3031	1 540 888	508	24.5%	21.81	23.04
T恤	38	125	54 170	433	58 650	92%	3.5%	61	2425	1 151 150	475	18.3%	19.40	19.63
外套	4	59	36 531	619	44 732	82%	2.7%	4	92	69 216	752	1.1%	1.56	1.55
连衣裙	27	803	495 145	617	559 344	89%	33.8%	27	922	643 256	698	10.2%	1.15	1.15
套装	27	703	663 097	943	748 194	89%	45.2%	27	467	545 666	1168	8.7%	0.66	0.73
裤子	51	411	126 207	307	132 428	95%	8.0%	58	3370	1 225 260	364	19.5%	8.20	9.25
单裙	2	11	4861	442	4928	99%	0.3%	3	85	38 080	448	0.6%	7.73	7.73
连体裤	1	2	672	336	896	75%	0.1%	2	67	30 016	448	0.5%	33.50	33.50

129

用来指导门店的月度品类搭配和价格体系优化，这将对商品部控制门店的月度库存有效性并提升门店成交率大有帮助。

评估导购能力，为人员赋能

我们可以使用导购销售能力分析表（见表3-5），盘点门店店员的销售能力。

表3-5　导购销售能力分析表

编号			
导购姓名			
年龄			
入职时间	长	中	短
销售级别	高级	中级	初级
业绩完成	超额完成	完成	未完成
无销售日	多	少	无
成交单数	多	中	少
客单价	高	中	低
销售数量	多	中	少
连带水平	高	中	低
高销分类	上装	下装	套装
销售排名	高	中	低
销售折扣	高	中	低
新增客户数	多	中	少
VIP 占比分析	高	中	低

进行店员销售能力分析有三个目的：

第一，找出影响销售目标完成的高风险店员；

第二，详细评估店员每个月的销售贡献；

第三，规划店员能力提升方案，增强销售信心。

总前委可以根据分析结果任命区内小组长，甚至找出能够进行线上直播的人才。对于无销售日多、业绩完成率低、销售折扣低、新增客户少的高风险店员，要制定提高销售能力的培训带教方案；对于成交单数多、客单价高、连带水平高、新增客户数多的店员，要评估他们是否有技能短板，为其规划能力提升方案。之后，人力资源部就可以按期实施这些方案并进行监督考评。

采集竞品情报，摸清市场动态

区内小组门店就是公司的前沿阵地，总前委要指导组长，观察分析门店的每一个直接竞争对手。如果能看透对方的一举一动，我们就可以调用自己手里的资源去应对，力求抢占先机，免于被动挨打。

可以根据表3-6中所列各项，去了解竞争对手的状态。具体工作如下：

表3-6 竞争品牌调查表

填表日期： 年 月 日

省份		城市		区/县	
竞争品牌名称				数量	
竞争品牌所处商圈位置					
竞争品牌商品结构					
竞争品牌销售情况					
竞争品牌优劣势分析	优势：			劣势：	

第一，锁定门店的主要竞争对手，包括竞争对手的品牌名称，其在这个区域有多少门店，门店所处的商圈位置，竞品的销售情况（销售额排名、商场排名、预估业绩水平、盈利状态、常用营销手段等）如何，竞品的优劣势分析。

第二，收集竞争对手每个月的促销信息，作为自己促销力度的参考。比如知道了竞争对手的促销方案、上新品时间点、流量结构、销售趋势等信息，我们接下来就可以规划得比他们好"一点"。

第三，观察记录对手门店的产品变化，即竞争品牌的商品结构。可以把商品结构分得细一点，按季/月来写，有些品牌还需要进一步按照价格细分。

其实，门店经营中的很多疑问往往可以通过分析对手的情况找到答案。此外，摸透同行的动态，看到同行做得不足的地方，也可以提醒我们在操作时避开雷区。

判断线上渠道潜力，开展线上线下一体化销售

线上销售渠道有七个类别，包括朋友圈、微信群、线上商城、小程序、视频号直播、抖音直播和快手直播。我们可以按照表3-7所示的项目综合判断每一种线上渠道的销售潜力。

总前委要评估门店线上销售的增长空间有多大，明确改善方向，包括设备配置、人员技术提升、主播人才培训等。

那么，门店怎样开展线上线下一体化销售呢？有两种方式。

第一，以区内小组为一个个体，开展线上销售。比如一个分区小组的五家店共用一个直播间，每家店各选一个主播，大家轮班进行直播。

表 3-7 线上渠道销售潜力判断表

线上渠道类别	开始运作时间	销售金额	销售数量	件单价	平均折扣	毛利额	毛利率	直播场次	单场直播最高销售额	单场直播最低销售额	占店铺销售额比例
朋友圈											
微信群											
线上商城											
小程序											
视频号直播											
抖音直播											
快手直播											

第二，以公司的分区为一个个体，开展线上销售，一个分区做一个直播间。

---| 实践要点 |---

1. 组建三层落地指挥系统，主要涉及商品部、营运部和采购部的业务协同，要让三个部门横向联结在一起，共同关注门店的商品销售情况。

2. 每个区内小组可以有组长和副组长，副组长可以选骨干导购，不一定非得是店长，关键是要懂商品和陈列。

3. 门店的事主要由门店来想，要由店长委员会牵头，发动门店参与探讨，寻找明年的销售增长点。

4. 做完销售资源盘点，一方面要预估明年每个门店的经营增长空间，另一方面要制订明年的拓展计划，明确新店的开店时间、业绩等级、销售功能、营销目的、数量等。

门店经营目标分解

分析门店经营效益，用好一店一月一策法

1. 从两个角度分析门店经营效益

公司的总体经营目标需要分解到区内小组的每一家门店，并细分到每一个月。给门店分解经营目标，既要量力而行，又要推动门店效益提升，因此，在分解目标之前应该先分析各门店的经营效益，看清其存在的问题和可上升的空间。

分析门店经营效益，对门店过去每个月的四大经营结果进行检查，它们分别是月度销售额、毛利率/毛利额、费用额、利润额。总前委要依据这些数据，再结合门店的营销功能和营销目的，确定每一家门店当前需要提升什么指标，降低什么指标。

对不同级别的门店，要采用完全不同的效益发展方式：

① 业绩型门店为了得到销售额，要牺牲一部分毛利率；

② 利润型门店为了利润额，要降低费用；

③ 影响力型门店既要提升毛利率，又要提升销售额；

④ 主力销售店需要销售额支撑，网络店和促销店对毛利率和销售额不能要求太多；

⑤ 对培训店的销售额和毛利率则不能提太高的要求。

具体而言，怎样监控和分析门店的月度经营效益？

表 3-8 门店月度经营效益分析表

项目	1月	2月	3月	4月	5月	6月	7月	8月	9月	10月	11月	12月
销售牌额（元）	1 302 165	533 219	1 668 927	707 711	995 535	650 248	3 128 025	939 252	756 158	1 210 148	955 086	635 889
实销额（元）	872 699	351 269	990 317	625 361	810 639	516 931	1 313 118	640 615	636 974	991 070	724 524	442 568
销售数量（件）	1398	637	2172	1094	1648	1107	4129	1245	891	1190	967	555
销牌均价（元）	931	836	769	647	604	587	758	754	849	1017	987	1146
货品销售成本（元）	485 838	202 430	639 350	278 826	393 660	257 488	1 209 436	369 460	295 352	476 444	375 409	252 164
营运费用（元）	188 186	187 021	123 971	149 919	149 686	162 615	161 364	167 468	158 599	141 098	158 113	166 847
采购折扣	37%	38%	38%	39%	40%	40%	39%	39%	39%	39%	39%	40%
销售折扣	67%	66%	59%	88%	81%	79%	42%	68%	84%	82%	76%	70%
毛利额（元）	386 861	148 839	350 967	346 535	416 979	259 443	103 681	271 154	341 623	514 626	349 115	190 404
运营利润（元）	198 675	-38 182	226 995	196 616	267 293	96 828	-57 683	103 687	183 023	373 528	191 001	23 556
毛利率	44%	42%	35%	55%	51%	50%	8%	42%	54%	52%	48%	43%
净利率	23%	-11%	23%	31%	33%	19%	-4%	16%	29%	38%	26%	5%

使用门店经营效益分析表（见前页表3-8），要求店长委员会分析分区小组中每一家门店每个月的经营效益。

表中显示了门店每个月的销售牌额（吊牌金额）、实销额、销售数量、销牌均价（销售牌额÷销售数量）、货品销售成本、营运费用、采购折扣、销售折扣、毛利额、运营利润、毛利率和净利率（或利润率），还有些公司会列出后台给门店的分摊费用，把每一家门店经营的状况都列得非常详细。

经营效益分析表有两个分析角度：

第一个角度，看实销金额，影响因素是销售数量、销牌均价、销售折扣。

第二个角度，看月利润率，影响因素是营运费用、销售折扣、毛利额。

例如，某家门店12月实销额442 568元，是全年里实销额比较低的月份。该月销售数量555件，销牌均价1146元，销售折扣70%。通过分析可知，门店12月的销量过低是造成本月实销额不高的主要因素。

再如，某家门店2月实销额351 269元，是全年里实销额最低的月份。该月销售数量637件，销牌均价836元，销售折扣66%，营运费用187 021元，利润率为-11%，说明该月是一个亏损月。通过分析可知，该月的实销额过低和销售折扣低是造成亏损的主要因素。

2. 衡量门店经营质量的六个指标

如果有两家面积和员工人数相近的门店，月度业绩和利润一样，目标完成情况都很好，请问：这两家门店的经营是不是就没有什么可以深耕的指标了？

当然不是。当业绩和利润一样时，我们还要评价门店的经营质量高不高。

门店的月度客单量、连带率、客单价、件单价、单件率和 VIP 占比这六个指标，可以作为门店月度经营质量的判断指标。

（1）客单量

客单量是平均每个顾客购买产品的成交单数。成交单数突然减少，门店经营质量就会下降。根据销售经验，如果店员的试穿服务做得不好，就会影响成交单数，所以要提高客单量，通常的做法是提高店员的服务技巧。

（2）连带率

连带率是一笔交易的销售件数。如果总是每单都只卖出一件，门店的经营质量就不高。所以要为顾客提供搭配服务，尽量促成顾客一次多买几件。

（3）客单价

客单价是指每个月顾客成交客单的平均金额。如果购买大单的顾客减少，门店的经营质量就会变差。当客单价指标出现异常时，门店可改进大单销售激励机制，这会让客单价明显提升。

（4）件单价

件单价是指每个月顾客购买产品的平均金额。件单价偏低，门店经营质量就不高。当件单价指标出现异常时，门店可以尝试把产品按高、中、低价格搭配起来，推广组合。

（5）单件率

单件率是指每个月单件购买客单占总客单量的比例。单件率偏高，门店经营质量就差，这时需要调整商品的搭配方案和展示、推荐的方法，促成连带销售。

（6）VIP 占比

VIP 占比是指每个月 VIP 顾客购买金额占总销售金额的比例。VIP 占比偏低会影响门店经营质量，这时门店可改进产品和服务，有吸引力的产品和全新的品牌服务形象会让 VIP 占比明显提升。

对以上六个指标进行分析，确定影响门店业绩完成的经营质量因素，就等于找到了提升经营效益的线索。总前委也可以结合经营质量分析的结果，估算每家门店在明年每个月的经营质量指标目标值。

3. 改善门店经营效益的一店一月一策法

通过对门店每月经营效益的分析，我们明确了门店经营需要改善的因素，接下来，就要制定每个月的经营策略，确保实现门店当月销售目标。

这种为每一家门店每个月专门制定经营策略的业务管理方式被称为一店一月一策法，它能有效改善门店的经营效益。

一店一月一策法主要包含产品策略和营销策略。

（1）月度产品策略

月度产品策略用于规划每个月的主力商品结构。

例如每年 2 月，在正常情况下，冬装是主力，销售占比为 70%~80%，春装销售占比应为 20% 左右，秋装不再卖。如果是品牌旗舰店，2 月的商品中老货通常会很少，因此销售重点应该放在春季商品上，尽力提升春季商品的销售占比。通过这样的销售数量规划来改善门店经营效益。

总前委要根据对历史数据的分析和对市场行情的判断，提前规划门店每个月的主力商品结构，以便采购人员备准货、备够货。

（2）月度营销策略

月度营销策略用于规划每个月的促销活动主题和折扣力度。

例如今年2月的年关促销活动，销售平均折扣为六六折，明年门店可不可以把销售平均折扣定为七折？这个决策该怎么进行判断？在分析时，我们要统计每一个季节每一个品类的销售折扣，看看是不是冬季商品的销售折扣力度过大，加大了2月的平均折扣力度，如果是，那么就要策划新的促销活动，稳住冬装在出清活动时的折扣力度，使之不要太大甚至能降低一些。

门店月度目标的分解与调整

对每一家门店进行深入调研，找到门店的增长空间和经营改善方向，有了相应的一店一月一策，接下来就可以将经营目标的制定思路落实在门店月度销售目标表（见表3-9）上。

表3-9 门店月度销售目标表

项目	1月	2月	3月	4月	5月	6月	7月	8月	9月	10月	11月	12月	汇总
销售金额													
销售数量													
折扣													
毛利率													
产品策略													
营销策略													

第一步,要确定影响门店月度销售金额的三个元素:销售数量、折扣和产品策略。

要给门店定月度销售金额,肯定要规划销售数量。产品策略是指每个月的季节销售占比和品类销售计划,折扣则是指要规划每个月的销售活动力度。

第二步,参照内力和外力选择营销策略。

营销策略的目的是实现产品策略。策划一次成功的营销活动,需要内力与外力相结合。内力包括品牌宣传费用预算、零售价、营业时间、设施场地、新店情况、专业能力、人数和全店销售趋势,外力包括经济形势、大众生活水平、节假日、人口特征、竞争者等。

此外,将总体经营目标在渠道进行分解有两个注意事项。

其一,要规划已开业店铺、新增店铺、线上渠道的目标分解比重。

对正常经营的门店,按照一店一月一策法确定目标,要保证门店的经营能够维持或者获得增长。对于亏损店,在制定目标的同时,要提出整改方案,并严格按照整改的时间表进行效果的检查。

新增门店的数量和开业时间具有很大的弹性,很多时候,市场部的拓展计划不能百分之百地执行,建议按照保守开店量进行目标分解。同时,要根据市场部给出的新开店预期业绩等级,结合预估的月度人员以及租金等费用,分析经营效益和增长空间,判断是否值得开店。

建议这两部分的目标分解比重要达到总体经营目标的70%~80%。

线上渠道的销售目标要占公司总体目标的20%~30%,而且要逐年适量加大比重,因为线上渠道份额增加是一个趋势。

这一点的逻辑思路具体如图3-3所示。

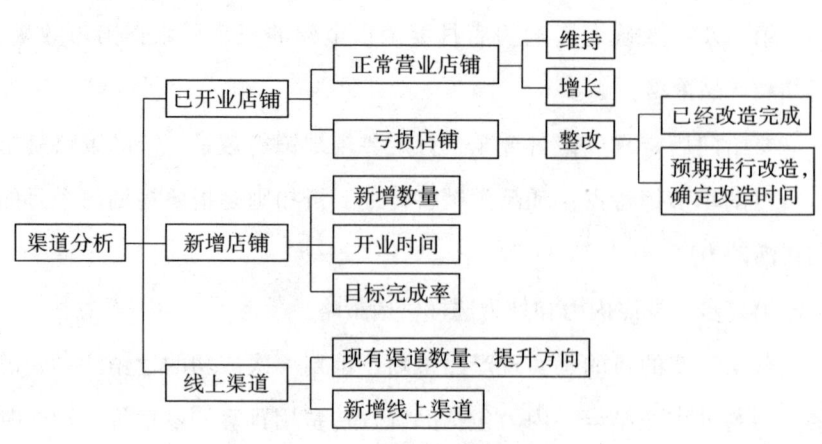

图 3-3 渠道分解逻辑图

其二，总体经营目标要自下而上进行合并协调。

每一个区内小组的门店在完成 12 个月的经营目标制定后，逐级向上合并，形成分区、大区的 12 个月经营目标。

此时有的团队会发现汇总的经营目标与公司总体目标不一致，这就要进行协调。一种方法是适当加高或降低每个渠道的经营目标以保证公司总体目标不变。另一种方法是提请管委会修改公司总体目标，但是不到万不得已不用这招。

公司总体目标改变会产生连锁反应。如果一定要改，就要考虑到公司利润目标、战略定位和业务布局都要重新进行调整，管委会也要论证新目标的可行性。

导购销售质量的提升

如果有两个导购在同一家门店工作，月度业绩一样，目标完成情况都很好。请问：是不是就可以断定他俩的销售工作能力差不多？

当然不是。当业绩一样时，我们还要评价导购的销售质量。

好导购的评价标准是销售金额高，销售质量也高。可以从六个方面评价导购的销售质量：销售金额、客单件、成交单数、连带率、销售件数和件单价。一个导购如果只是业绩好，但是销售质量无法达到预期的要求，也不能算好导购。

公司的 ERP 系统会记录门店每天的 POS 销售数据，从中抓取导购个人的日销售金额、客单件、成交单数、连带率、销售件数和件单价数据，用以评估导购的销售质量。

通过分析，我们可以了解导购的能力差异和销售天赋，也能分析出区内小组门店中，连带率高的导购人数、客单价和成交单数高的导购人数等。

区内小组组长要有针对性地用好、管好有不同销售能力和天赋的店员，并给有短板的店员提出改善的方向，从根本上提高导购销售质量。

区内小组的组长和店长每个月要给导购制定销售业绩目标和销售质量指标。具体而言，在给导购定目标的时候，既要定业绩指标，还要在成交单数、连带率和客单量三个指标中选出一个，作为这个月能力提升的要求。如果门店日常有折扣货品与正价货品同时销售，还可以加一个折扣率指标。

比如 A 导购这个月业绩目标定为 7 万元，连带率必须做到 1.8，这个指标是他以前做得不好的，所以要督促他在本月提升搭配销售能力，既能实现业绩目标，又要提升能力。

要结合本片区内门店的情况，参考表 3-10，为每一个导购制定销售质量提升方案，总前委还可以组织公司的销售高手，分别拆解这些培训课题进行带教。

表 3-10 导购销售质量提升方案

考核指标	指标提取/计算公式	使用说明
销售件数	个人销售数量	
销售金额	个人销售金额	
客单量	个人成交单数	增加接待有效时间
客单价	销售金额 ÷ 购买客人数	提升服务技巧
件单价	销售金额 ÷ 销售件数	提升高价位销售能力
连带率	销售件数 ÷ 购买客人数	提升搭配销售能力
单件率	单件销售单数 ÷ 单量	提升搭配销售能力
新增 VIP 数	年度发展新会员数量	提升销售推广能力
VIP 销售占比	VIP 销售额 ÷ 总业绩额	提升 VIP 大单数量
微信销售占比	微信销售 ÷ 总业绩额	提升线上销售技巧

那么，在销售管理中，如何跟进导购的销售质量呢？可以使用导购业绩结构跟踪表（见表 3-11）。

表 3-11 导购业绩结构跟踪表

姓名	数量（件）	金额（元）	票数	客单价（元）	件单价（元）	平均折扣	一连单	二连单	三连单	四连单
李红丽	14	26 317	11	2392	1880	76%	9	1	1	0
郑芬	8	14 977	4	3744	1872	78%	1	2	1	0
张新	17	26 835	15	1789	1579	70%	13	0	2	0
房林	13	24 191	11	2199	1861	74%	10	0	1	0

表 3-11 列出了门店各导购一周销售情况的具体数据，其中票数指的是成交单数。

比如李红丽，一周出了 9 个一连单，那么接下来她的提升重点就应是突破二连单和三连单。以此，我们就可以对一个导购的能力进行每周跟踪，提出提升目标并给予相应的培训。

此外，门店的销售目标一般是按周分解给导购的，为了提高完成率，甚至需要跟进管理导购每天的成交单数、连带率、客单量等。所以，还要填写每日导购业绩结构跟踪表，组长据此找出有待改善的店员和指标，循序渐进，才能保证每家门店在每一周的经营有好的结果。

------------------| 实践要点 |------------------

1. 门店较多的公司，总前委可以把总目标分解到分区级别，然后由店长委员会做单店分解。

2. 门店经营目标制定的合格标准是单店单月有数量目标、折扣目标、产品策略和营销策略。

3. 导购的目标要分解到周，负责人是店长和组长。

门店营销计划制订

营销活动要精准触达顾客

不少公司都把营销计划视作"抢钱计划",好像做营销活动就是为了把业绩捞到手,其实这是一种错误的认知。现在的消费者大都很精明,对商家设计的营销活动,他们都能算清自己到底花多少钱,得多少实惠。如果公司再使用传统的营销手段,拍脑袋想出一个促销活动,所有门店一起搞,所有品类一刀切,还把所有的顾客都通知了,活动现场倒是很热闹,可最终效果并不明显。

当前,我们应该转变思维,在经营过程中要以顾客为主导,先对顾客进行精准划分,再匹配相应的营销活动。

如何划分顾客呢?

顾客有些一年来店四次,有些一年来店两次,有些一年来店一次,可以按照他们的购买次数分组。顾客有些愿意开季来买新产品,有些愿意季中随时买,有些愿意在季末促销时买,可以按照他们的购买时段分组。还可以按顾客喜好的品类、核心价格、版型、颜色、尺码等分组。

分出这么多群组,是为了精准规划促销活动。

比如有一款大衣,6800元,灰色,秋季上新,门店可以选择喜欢这种品类和颜色,接受这个价位,在夏末秋初经常买衣服的顾客群组,在其中寻找有购买倾向的顾客，然后导购就可以联系目标顾客，做针对性沟通。

有了这样的精准触达，把产品推广工作锁定在购买可能性大的一小群人中，资源的投放效益会非常明显。

规划营销活动的两个工具

很多门店在做营销活动的时候，都形成了惯性思维：如果货品销售进度正常，这个月的营销活动力度就调小一点；如果销售情况不好，距离业绩目标还差很多，营销活动的力度就增加一点。这种思维方式在当前复杂的市场环境下显得非常粗糙，思考的维度单一，所以营销活动效果差也就不足为奇了。

要想营销活动效果好，需要周详思考，合理规划。以下介绍两个非常有用的工具：门店生活行事历、门店营销活动规划与复盘表。

1. 门店生活行事历

门店可以记录可用的营销资源，包括二十四节气、三伏三九、国家法定节假日、其他节日、百姓生活规律、市场需求状况、同行的市场营销策划等，形成如表3-12所示的生活行事历。

要记录的营销资源，包括但不限于表3-12中的内容，门店可根据自己所在地区的具体情况做记录。最重要的是查清当地的民俗节日以及顾客的生活动向，即顾客习惯按时做哪些事情，包括开学准备、外出旅行、节前采购等。根据所记录的这些内容，分析对应时点的市场状况，即各类各季产品的上市时间点和销售旺季。之后再做市场的营销策划，考虑在哪些节点投放什么样的营销活动。

表3-12 ××年生活行事历

周	1周	2周	3周	4周	5周	6周	7周	8周	9周	10周	11周	12周	13周	14周	15周	16周	17周	18周	19周	20周	21周	22周	23周	24周	25周
月	1月					2月				3月				4月				5月				6月			
二十四节气	05小寒		20大寒		04立春		19雨水			06惊蛰		21春分		05清明		20谷雨		06立夏		21小满			06芒种		21夏至
三伏三九	三九																								
国家节庆假期	01元旦		21除夕 22春节														01劳动节 04青年节					01儿童节			22端午节
其他节日			14/15小年		05元宵节		14情人节			08妇女节		15权益日 12植树节	01愚人节	05清明节					14母亲节					18父亲节	
生活动向	年末大采购/寒假	送礼采购	春节假期			开学准备			春品促销	送礼物给女性		换季出清		清明扫墓	天气渐热，准备夏装		夏装三上市	五一假期		结婚旺季	天气渐热，准备夏装		夏季休闲旅行		
市场状况	冬季商品销售旺季	送礼销售	春装上市			学生用品销售高峰		冬装换季出清	亲子销售	夏装二上市		春季商品旺销	冬季商品下架	夏装二上市			劳动节产品促销	节日促销	节日促销			夏装补单		节日促销	秋装一上市
市场营销策划	提高品牌知名度	减少库存，促进销售	宣传新品上市，买就送	提升新品上市销售量		开学用品推广	情人节礼品促销	换季销售		妇女节产品推广	提高顾客和店铺的互动	夏季产品上市		旅游产品促销			劳动节产品促销		母亲节产品促销			童装促销	防晒产品促销	父亲节产品促销	夏装抛库存

（续表）

周	26周	27周	28周	29周	30周	31周	32周	33周	34周	35周	36周	37周	38周	39周	40周	41周	42周	43周	44周	45周	46周	47周	48周	49周	50周	51周	52周
月	7月					8月				9月					10月				11月					12月			
二十四节气		07小暑		23大暑			08立秋		23处暑		08白露		23秋分		08寒露			24霜降		08立冬		22小雪		07大雪		22冬至	
三伏三九			入伏	中伏			末伏																		入九		二九
国家节假日	01建党日					01建军节								29中秋节 01国庆节													
其他节日									22七夕节	30中元节	10教师节									11双十一		23感恩节		12双十二		24平安夜	25圣诞节
生活动向	暑季避暑旅游								准备开学				秋季旅游		结婚、装修旺季							天气变冷					
市场状况	夏季促销高峰		秋装上市				秋装上市						黄金销售	双节活动	天气转凉		冬装上市		冬装上市	百货公司周年庆	秋装收尾	冬装销售旺季	年底清仓			节日促销	
市场营销策划			秋新品·提升品牌知名度				换季促销		七夕节产品促销		教师节产品促销		提高销售额	中秋、国庆节产品促销			减少秋季库存	中老年服饰促销				提升节日气氛		冬季产品促销			圣诞节产品促销

第三章 年度营运计划制订

建议摸清渠道内每家门店的营销资源,形成生活行事历,在市场部和营运部备案,并且每年根据实情进行2~3次更新。哪怕营运负责人有所变动,新的负责人也能很快了解市场情况,知道门店该如何做。

2. 门店营销活动规划与复盘表

我们可以通过填写门店营销活动规划与复盘表(见表3-13),理清活动相关的各项要素。该表包括活动时间、活动主题、相关指标、活动方案和简述[活动中的注意事项(规划时填写)、活动待改善因素(复盘时填写)]五部分。

表3-13 门店营销活动规划与复盘表

月份	活动日期	活动主题	活动业绩(元)	月总业绩(元)	活动业绩占比	活动方案	简述
12月	12月7日—12日	双十二限时狂欢	83 168	316 490	26.3%	满1000元立减120元,再尊享九折;储值5000元送现金500元,再送200元储值优惠卡;储值10 000元送现金1000元,再送1500元集团大礼包;七折以下商品、部分饰品不参与;春夏新品不参与;一张券限购一件商品	活动业绩完成较好,但没有储值10 000元的顾客,需要升级大礼包,提高吸引力

规划营销活动的注意事项如下:

第一,活动业绩是指门店在活动中应该完成的销售目标。根据门店本月的业绩目标,可以计算活动业绩占月总业绩的比例,如果这个月的业绩是30万元,活动业绩规划为10万元,则占比约为33%。

第二，活动方案要结合现有库存和节假日情况进行规划。除了吸引顾客的促销策略外，还要加入活动的效果评价指标和顾客群组的选择方式。确定方案后还要做好活动商品及活动礼品的准备工作。

第三，活动要各有针对性。比如有的活动只针对VIP顾客，有的活动可以只针对散客。还可以想一想能不能做针对"沉睡"顾客的活动，再次激活他们的购买力。

第四，每个月的活动都要有明确的起始时间、业绩目标、商品目标、客群选择、主题设计等，为了确保执行到位，达到预期，必须指定活动负责人，由他全权调配资源，监控活动执行过程，并对活动结果负责。

3.怎样做出更加有效的促销活动

在活动方案设计中，我们通常把货品按商品销售效果分成五种：引流款、利润款、爆款、创新款和福利款。引流款是指吸引顾客进店，促成首次购买的货品。利润款是指毛利率较高，用来提高盈利性的货品。爆款是市场接受度高、顾客容易购买的高销量货品。创新款是公司针对新顾客、新功能、新场景投放的测试市场的货品。福利款是指为了促进顾客复购投放的优惠力度较大的货品。

为了有针对性地做好这五种货品的活动方案，我们要结合渠道类型选择促销策略。宣传推广渠道类型通常有三种：直播、微信社群和线下实体店。常用的商品促销策略有13种：打折、满减、满送、豪礼、抽奖、组合、限时、储送、买加、买送、礼券、拍卖，以及11元购或者9.9元购。在设计活动方案时，我们要根据渠道场景，用交叉选择的方式组合货品和促销策略（见表3–14）。

需要注意的是：第一，营销活动策划要平衡费用；第二，可以利

表 3-14 线上线下促销策略

渠道类型	商品目的	打折	满减	满送	豪礼	抽奖	组合	限时	储送	买加	买送	礼券	拍卖	11元购
直播	引流款													
	利润款													
	爆款													
	创新款													
	福利款													
微信社群	引流款													
	利润款													
	爆款													
	创新款													
	福利款													
线下实体店	引流款													
	利润款													
	爆款													
	创新款													
	福利款													

用用户标签锁定每种活动的目标人群;第三,哪怕是效果好的营销方案,也要在每次使用之前结合实际情况看看是否需要调整。

营销活动效果评估复盘

1. 营销活动效果评估

活动做完,要填写营销活动效果评估表(见表3-15),对营销效果进行评估、总结。

表3-15 营销活动效果评估表

项目	评估指标	活动状况	目标	活动后状况	增长率
品类	客单量				
	连带率				
	件单价				
	销售量				
	销售额				
	毛利率				
	毛利额				
促销单品	销售额				
	销售量				
	销售成本				
	毛利额				

评估时要注意以下几点:

第一,需通过中长期观察,才能确定促销效果,包括知名度、顾客对活动的认同,以及顾客心理对品牌形象的认知变化。

第二,需要现场观察顾客对促销活动的反应,包括赠品领取、优惠券使用情况、参加互动人数变化等。

第三，有些活动的主要目的是增加新顾客，有些活动的主要目的是打击竞争对手，对于这些活动，也要在活动后了解成效。

2. 营销活动复盘

要做出好的营销活动，不仅需要事前规划，还需要事后复盘。在不断的规划—复盘循环中，我们才能找到更优的活动方案。

总前委不仅可以用表3-13规划新的营销活动，还可以对做完的营销活动进行复盘，总结经验，找出需要改善的相关细节，以便之后做出更有效果的活动。

要检查门店在活动中的业绩目标、商品目标、导购目标、顾客目标的完成情况和影响因素，制定改善的策略和方法。要检查活动方案针对什么客群促销，促销方式是否合理，获得的业绩增长耗费了多少投入，做和不做有什么区别，做了活动之后短期和长期的好处，等等。

每次营销活动结束都要进行这样的复盘，对提高营销活动规划的精准度大有好处。

---------------- 实践要点 ----------------

1. 总前委要收集每个门店在历年经营过程中做过的营销活动方案和效果评价复盘报告，找出效果较好的活动方案，讨论最佳的使用场景。

2. 营运部编制门店的生活行事历，总前委进行校正。

3. 门店在每一次营销活动后，要使用效果评估表进行复盘。

4. 促销策略不止13种，可以结合自己的公司经营特点进行规划。

第四章

年度商品计划制订

> 商品采购计划制订

> 商品销售计划制订

> 商品上市管理

导言｜三道防线确保高盈利低库存

年度商品计划，包括商品采购计划和商品销售计划，做好商品计划，可以防止库存积压。

假设你所在的公司这些年的历史库存非常多，尽管商品部每一季也都尽心尽力，但是无论怎么努力，还是没有办法避免库存积压。那么，怎样才能多卖货少剩货，实现高盈利低库存经营呢？对于这个问题，公司的商品管理团队大多会有两种思路：其一，多卖老货，少进新货；其二，有畅销款就追单，有滞销款就勤调拨。

这两种思路的出现，意味着公司的商品管理方式已经老化失效。如果这样去思考商品采购和销售，你就会看到四种现象：顾客埋怨在店里买不到喜欢的东西；店员天天喊没好货；门店毛利率低，业绩差；缺货严重，调拨的费用越来越大。

评价一家公司是否为良性经营，要从三个指标来衡量，分别是业绩目标完成率、毛利率和销量目标完成率，我们称之为"经营三根本"。

在制订营运计划时，总前委已经对门店的月度业绩目标和月度毛利率目标做了规定，还规划了每个月的营销活动。那么卖多少货才能完成这两个目标呢？这时就要用到销量目标了。

销量目标是指公司每一个季节采购的商品总量。销量目标通常也是按照渠道的层级向下分解的，如图4-1所示，这叫作渠道销量四层目标分解。

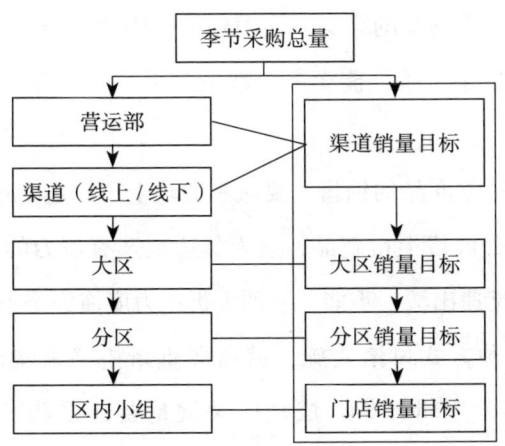

图 4-1　渠道销量四层目标分解

以前，公司每一季采购的商品在渠道卖得怎么样，基本上是商品部操心，营运部关注的重点是业绩目标和毛利率目标，因为这两个目标的完成涉及大家的绩效考核。现在，公司为了实现高盈利低库存经营，需要把每一季采购总量按照线下渠道和线上渠道做第一层分解，给每个渠道规划销量目标。然后由大区主管和分区督导联合商品部进行其下三层的销量目标分解。可以由分区督导和分区商品专员指导区内小组组长分解组内每一家门店的销量目标。

很显然，渠道分解销量目标的作用就是要守住公司经营的三个根本——业绩达标、毛利达标、销量达标，让公司有盈利，库存也可控。

那么，怎样才能用最低的货品成本投入实现销量目标？

普遍的想法是，要实现销量目标，可以让买手多进一些货品，或者对门店出现的畅销款多给货、勤补单，只要能卖就别断货。但是行业经验告诉我们，这两种方法的货品成本投入相当高，不少公司的积压库存就是由这样粗枝大叶的商品管理方式造成的。所以，我们应该换个思路，尝试用以下两种方式解决问题。

方式一，每季商品的采买，要做到采销均衡，当季售尽，不剩货。在采购环节要以销定采，能卖多少就采多少，而且每一季到了季末不能剩货。

方式二，每季商品的销售，要做到波段上市，边卖边清，少打折。在销售环节要分波段上市新品，边卖货边挑选有潜力的产品补单，不好卖的产品要迅速出清，不能一直加大折扣力度拖到季末，要少打折。

要将这两种方式付诸实施，就需要重新搭建采购计划、销售计划、上市计划的逻辑框架，成功的关键是要让采购、商品、销售、财务人员协同构筑三道防线。第一道防线是指在新品采购前，制订商品采购计划。第二道防线是指在新品上市前，制订商品销售计划。第三道防线是指在新品销售中，管理商品销售进度。

建立三道防线时，始终要把"当季售尽"作为主旨。采买环节用采销均衡的思路，能卖多少就采多少，守住第一道防线。销售前用目标分解的思路，把采购总量全部分解给渠道，守住第二道防线。销售中用边卖边清款的思路，精准控制补货和促销，守住第三道防线。

在商品运营的三道防线图（见图4-2）中，我们把四季商品的采购和销售工作放在一起，形成全年商品运营的工作日历。从上向下看，能清楚地知道每个月的工作有几项；从左至右看，也能搞明白每一项工作在什么时间点去做。这对于改善部门工作协同，推进业务标准化和规范化有极大的帮助。

把公司的四季商品运营工作画到这张图中，明晰各项工作的内容及其时间节点，让各部门遵守业务协同规范，按时完成每一个季节的商品管理工作，三道防线才能有条不紊地发挥作用，防止产生滞销库存。

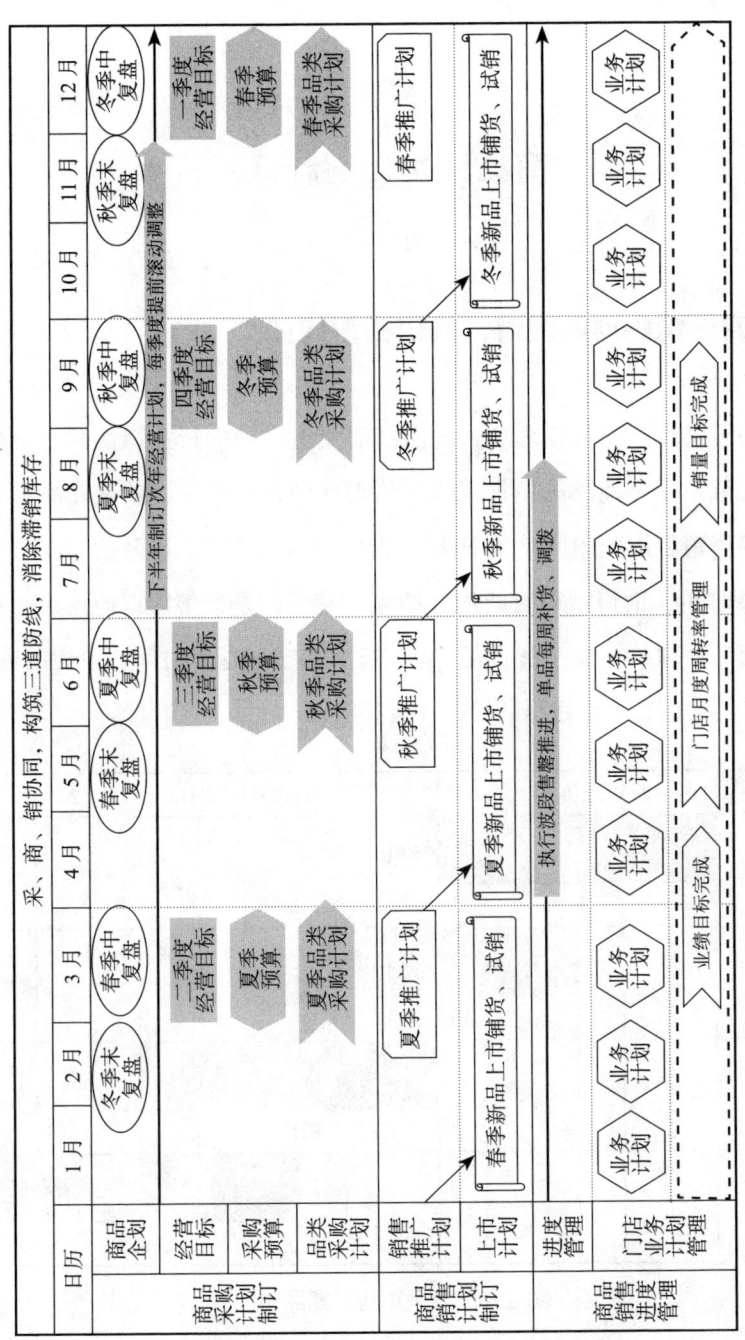

图 4-2 商品运营的三道防线

商品采购计划制订

绘制四季销售周期图谱,找出销售规律

为了实现当季售尽理念,商品部要根据品牌的行业特性和历史数据,提炼出季节商品的销售规律。体现在销售管理中,就是商品部要根据四季销售周期图谱(见图4-3),对一季商品的上市开始时间、上市结束时间、销售结束时间加以约束。有了四季销售周期的约束,就有了商品管理的标准,采、商、销三方都要按照这个时间约束控制进、销、存的动作,当季售尽的目标才有望实现。

	1月	2月	3月	4月	5月	6月	7月	8月	9月	10月	11月	12月	1月	2月	3月
春季		产品季/上市投资期		售尽获利期											
			销售季												
夏季					产品季/上市投资期		售尽获利期								
					销售季										
秋季								产品季/上市投资期		售尽获利期					
								销售季							
冬季											产品季/上市投资期		售尽获利期		
											销售季				

图4-3 四季销售周期图谱

在绘制四季销售周期图谱时,我们需要明确如下概念:

1. 产品季和销售季

产品季指的是一季商品从开始上市到上市结束的这一段时间。此时公司不断组织新产品上市,这是把钱变成货的时间。

销售季指的是一季商品从开始上市到销售结束的这一段时间。此时公司销售人员全力售卖产品,这是把货变成钱的时间。

例如,图 4-3 中,1—3 月是春季的产品季,4—6 月是夏季的产品季,7—9 月是秋季的产品季,10—12 月是冬季的产品季;而 1—6 月是春季的销售季,4—9 月是夏季的销售季,7—12 月是秋季的销售季,10 月至次年 3 月是冬季的销售季。

2. 上市投资期和售尽获利期

上市投资期与产品季是重合的。为了实现当季售尽的理念,商品部规划只有在产品季才能进行采购,包括产品上新和补单。例如春季产品的上市投资期为 1—3 月,我们一定要在三个月之内把采购预算的钱花完,过了 3 月如果还要追单,就违反了商品管理规定。哪怕出现畅销款也不要超期补货。

售尽获利期则是销售季的后三个月。为了实现当季售尽的理念,商品部规划在上市投资结束后的三个月内要想尽办法把剩下的货卖完。如果过了售尽获利期还卖不完,就会降低公司资金周转的速度,影响商品的获利性。

3. 四季采购预算

在图 4-3 中,各产品季前后衔接,春季的上市投资结束后又开始夏季的上市投资，然后依次是秋季以及冬季的上市投资。投资要在规定时间之内完成，相当于每三个月就采购一季产品。这就叫四季采购预算。对于组货制品牌，每季三个月的采购预算要分波段投放，在实际采购业务中要分解为月度采购和周采购首采预算。

按照这个商品规划，一季三个月的商品要在六个月内卖完，才能实现当季售尽。这样资金就能够科学合理地高速运转起来。

4. 业绩的季节结构

业绩的季节结构是指，在实际的销售工作中，每个月的业绩都是由多季产品构成的，但是一定有占比的高低差异。比如4—6月，对春季产品而言是售尽获利期，对夏季产品而言是上市投资期。到底什么季节的产品能在这个时段卖得更好？通过图4-3就能知道，夏季产品的销量应该高于春季。因为夏季产品在4—6月处于上市投资期，其销售势态较为迅猛。

5. 季节两阶段推广法

有些公司现在还做不到当季售尽，怎么办？

可以这样做：产品季还是按照三个月来做上市投资，但是销售季可以延长并分成两个阶段来管理，分别是应季销售推广阶段和过季销售推广阶段。应季销售推广阶段与正常的销售季重合，通常都是六个月。过季销售推广阶段则是应季销售推广阶段结束后延长的时间。

例如，图4-4中的春季产品，在6月应季销售推广结束，但是没有卖完的剩余库存还需要延期销售，7—9月就叫作过季推广阶段，形成春夏同收尾的局面。

	1月	2月	3月	4月	5月	6月	7月	8月	9月	10月	11月	12月	1月	2月	3月
春季		应季销售推广					过季销售推广								
夏季				应季销售推广											
秋季							应季销售推广					过季销售推广			
冬季										应季销售推广					

图 4-4 季节两阶段推广法

注意：四季产品中，春季和秋季产品可以过季销售，但夏季和冬季产品销售周期不能随便延长。

商品部要按照以上概念和规则，画出本公司品牌的季节销售周期图谱，并共享给其他部门，以便大家利用这个工具快速查阅，规划行动。比如要采购某季产品，可以查阅要在什么时候投资，要做多少个月的销售；在想补货时，可以查阅补货是否符合上市投资的时间约束，还能有多长时间可以补单；在销售产品时，可以查阅这季产品公司规定的销售时间有多长，还剩下多少时间可用作推广；等等。

公司的品牌较多时，商品部要做出每个品牌的四季销售周期图谱，并依据市场环境的变化，每年进行修正，保证公司在最正确的时间进行上市投资，在最合适的时间完成销售，尽早实现售尽获利。

做好四季销售占比规划，保证人货匹配

商品部要对全年目标进行四季销售占比规划，也就是规划每一季货要卖多少钱，再考虑采买多少货品能确保每一季的货量正好。目标是既能满足顾客需求，又能销售一空，还要满足业绩需要。

1. 四季销售占比对营销有何作用

我们通常用12个月的维度拆解全年销售业绩，通过计算月度销售占比分析哪些月份销售占比高，哪些月份是销售淡季，要在哪个月发力改善，等等。同样的道理，我们可以用季节的维度拆解全年销售业绩，计算出四季销售占比，从中找出品牌强季和品牌弱季。

如表4-1所示，历史数据中，全年销售额970万元，冬季产品销售占比最高，达到32.99%，因此冬季是品牌在一年销售中的强季；而春季产品销售占比最低，只有18.56%，因此春季是品牌在一年销售中的弱季。

表4-1　四季销售占比分析示例

单位：万元

季节	四季历史销售	四季销售占比	四季销售预期	四季销售占比规划	应季销售周期	
春季	180	18.56%	330	21%	上年12月	至本年5月
夏季	240	24.74%	424	27%	3月	至8月
秋季	230	23.71%	361	23%	6月	至11月
冬季	320	32.99%	455	29%	9月	至次年2月
合计	970		1570			

通过分析四季销售占比数据，我们可以探讨公司到底要突出什么季节的产品，是否要强化某些季节产品的销售，让其成为顾客认可的强季。

2. 如何调整四季销售占比

实际上，四季产品的强弱也是检验买手组货水平的标尺。当然，没有最好只有更好，四季销售占比应该要持续改善，要随时代而变，不能故步自封。

如表4-1所示，公司计划将新的一年的总体目标定为1570万元，商品部根据这一目标，结合公司的供应链资源和组货买手的能力，以及市场竞争环境的变化，调整了四季销售占比规划，把春季销售占比由 18.56% 升至 21%，强化了公司春季产品的销售份额，受暖冬的影响，把冬季销售占比由 32.99% 降至 29%。有了新的四季销售占比规划，才能计算出总体目标的四季销售预期数据，这样就完成了对目标的分解。

确定历史库存业绩目标，平衡新老搭配

通过调整四季销售占比，计算出四季产品的销售预期目标。接下来，还要规划历史库存业绩目标。

1. 历史库存业绩目标对采购预算制定很重要

为什么说历史库存业绩目标对采购预算制定很重要？依据公式：

新品业绩目标 = 门店业绩目标 − 历史库存业绩目标

比如，业绩目标 1570 万元，冬季销售占比规划是 29%，销售预期是 445 万元，如果冬季的历史库存业绩目标是 145 万元，剩余 300 万元的份额留给采购的新产品，就相当于买手要在下一年采购一盘货，实现冬季的新品业绩目标 300 万元。

2. 历史库存业绩目标能做多高

如果不做年度商品计划，公司大概率会为了快速回笼资金，让销售人员努力把历史库存全卖掉，同时指示买手少进新货。但这样做是会出问题的：老货太多，新货太少，会影响顾客的购买欲望。

总前委要用季节销售新老比例判断历史库存业绩目标是否过高，

是否会在高等级门店中出现产品新老比例失调，顾客选不到好货而流单问题。

季节销售新老比例估算就是指一季产品销售中历史库存业绩目标的比重。比如 445 万元的冬季产品销售目标中，有 300 万元是新品业绩目标，145 万元是历史库存业绩目标，季节销售新老比例就是 67%∶33%，接近 7∶3。

按照行业经验，主力店老货的业绩比重超过 30% 就会影响顾客购买体验。所以总前委要把不同门店每一季的历史库存业绩目标控制在合适的范围内。

3. 怎样梳理历史库存

可以搭建一个展示厅，把历史库存的样品每个 SKU 出一件，让大家看实货进行销售评价。这就是梳理历史库存。具体而言，可分为六个步骤。

第一步，库存等级划分：按照 SKU 连带能力、售罄率、尺码质量维度划分。

第二步，库存价值分析：确定 SKU 的销售折扣水平和营销用途。

第三步，制订库存上市计划：设定 SKU 上市时间并选择最合适的门店。

第四步，规划 SKU 销售预期：确定每个 SKU 明年的预期销售折扣，并计算出预期销售数量和预期销售金额。

第五步，新老销售占比分析调整：库存梳理时给门店的历史库存业绩目标可能会过大，会影响顾客购买，需要根据实际情况调整。

第六步，确定销售策略，制作库存销售计划表（见表 4-2）。

将所有的历史库存仔细过滤一遍，找出明年可以在常规渠道销售的老产品，并按照四季销售周期图谱，确定与新品共同的投放时段和月销售金额。

表 4-2 库存销售计划表

季节	年份	库存数量（件）	库存标准金额（元）	消化率	销售数量（件）	销售折扣	销售金额（元）	剩余库存（件）	预计上市月份	销售规划	店铺分布
秋	2014	2	3738	100%	2	30%	1121	0	7月特卖出清	特卖	
	2015	19	26 844	100%	19	30%	8053	0	7月特卖出清	特卖	
	2016	36	46 616	100%	36	30%	13 985	0	7月至11月	梳理部分款放特卖场	
	2017	165	215 476	100%	165	50%	107 738	0	7月至11月	梳理部分款放特卖场	
	2018	108	178 156	60%	65	80%	85 515	43	7月至11月	梳理部分款放特卖场	
秋合计		330	470 830		287		216 412	43			
冬	2014	39	54 910	100%	39	30%	16 473	0	次年1月特卖出清	特卖	
	2015	9	30 302	100%	9	30%	9091	0	次年1月特卖出清	特卖	
	2016	16	47 954	100%	16	30%	14 386	0	11月至次年2月	梳理部分款放特卖场	
	2017	124	335 702	100%	124	50%	167 851	0	11月至次年2月	梳理部分款放特卖场	
	2018	95	250 685	50%	48	80%	100 274	48	11月至次年2月	梳理部分款放特卖场	
冬合计		283	719 553		236		308 075	48			

注：销售金额＝库存标准金额 × 消化率 × 销售折扣

采购预算的制定与审批

有了季节销售新品业绩目标，就可以推算下一年四季产品的投资额，做出采购预算。有了采购预算，采购人员就有了采买的总目标，后续的波段、风格系列、品类、款式组合等采购计划的制订就可以由负责具体工作的人员完成。

1. 订货制品牌的采购预算制定

订货制品牌采购预算推演逻辑如表 4-3 所示。

表 4-3　订货制品牌采购预算制定表

步骤	序号	项目	数值	单位	备注
第一步	①	新品业绩额	52	万元	利用四季销售占比推算
	②	预期折扣率	85%		
	③	预期售罄率	80%		商品管控指标，综合考虑品牌方合作政策、公司商品运营能力
	④	订货牌额	76.47	万元	=①÷②÷③
第二步	⑤	平均牌价	800	元	吊牌均价预期，是综合考虑历史数据、市场因素制定的新一年产品价格策略
第三步	⑥	订货数量	956	件	=④÷⑤
	⑦	进货折扣	45%		品牌进货折扣
	⑧	进货成本	34.41	万元	=④×⑦
第四步	⑨	预期毛利率	47%		=（②-⑦）÷②
	⑩	预期毛利额	24.44	万元	=①×⑨
第五步	⑪	退货率	15%		供应商政策
	⑫	预期库存	48	件	=⑥×（1-③-⑪）
	⑬	回笼资金	22.75	万元	=①-（⑧-⑧×⑪）
	⑭	回笼率	178%		=①÷（⑧-⑧×⑪）

第一步，确定单季的新品业绩额后，营运部确定预期销售折扣率，商品部确定预期售罄率，算出本季订货牌额。

第二步，营运部确定平均牌价，算出订货数量。

第三步，采购确定预期进货折扣，算出进货成本。

第四步，用公式计算出预期毛利率、预期毛利额。

第五步，采购部确定退货率，算出预期库存、回笼资金和回笼率。

订货制品牌的采购预算制定有三个难点：

① 折扣率决策。根据公司战略目标和定位，在进攻型增长策略、防御型持平策略和收缩型下降策略三者间做选择是难点。

② 售罄率决策。想要门店有新货卖、库存低，并兼顾老库存，是在退货后实现当季售尽，还是卖掉一部分，剩下一批过季库存，在这两者间做选择是难点。

③ 平均单价决策。准确预判顾客消费能力，提供价格合适的产品，在提高均价、持平均价和下降均价三者间做选择是难点。

2. 组货制品牌的采购预算制定

组货制品牌的采购预算推演逻辑如表4-4所示。

第一步：确定单季的新品业绩额后，买手确定预期定价倍率和毛利率，算出本季销售折扣。

第二步：商品部确定预期售罄率，算出订货牌额。

第三步：营运部确定平均牌价，算出订货数量、进货成本和预期毛利额。买手确定退货率，算出预期库存。

组货制品牌的采购预算制定有四个难点：

① 定价倍率决策。根据公司战略目标和定位，在进攻型增长策略、防御型持平策略和收缩型下降策略三者间做选择是难点。

表 4-4 组货制品牌采购预算制定表

步骤	序号	项目	数值	单位	备注
第一步	①	新品业绩额	81 016	元	利用四季销售占比推算
	②	预期定价倍率	4		
	③	预期毛利率	50%		
第二步	④	销售折扣	50%		=（1÷②）÷（1-③）
第三步	⑤	预期售罄率	90%		商品管控指标，综合考虑品牌方合作政策、公司商品运营能力
	⑥	订货牌额	180 036	元	=①÷④÷⑤
	⑦	平均牌价	630	元	吊牌均价预期，是综合考虑历史数据、市场因素制定的新一年产品价格策略
	⑧	订货数量	286	件	=⑥÷⑦
	⑨	进货成本	45 009	元	=⑥÷②
	⑩	预期毛利额	40 508	元	=①×③
第四步	⑪	退货率	10%		供应商政策
	⑫	预期库存	0	件	=⑧×（1-⑤-⑪）

② 毛利率决策。根据公司战略目标和定位，在进攻型增长策略、防御型持平策略和收缩型下降策略三者间做选择是难点。

③ 售罄率决策。想要门店有新货卖、库存低，并兼顾老库存，是在退货后实现当季售尽，还是卖掉一部分，剩下一批过季库存，在这三者间做选择是难点。

④ 平均单价决策。准确预判顾客消费能力，提供价格合适的产品，在提高均价、持平均价和下降均价三者间做选择是难点。

3. 四季采购预算报请财务部审批

各季采购预算推演完毕，需将结果汇总，填写全年采购预算表（见表 4-5），上报财务部审批。

第四章　年度商品计划制订

表 4-5　全年采购预算表

季节	计划销售额	计划售罄率	计划折扣率	采购牌额预算	采购成本预算	实际采购成本额	采购时间
春季							
夏季							
秋季							
冬季							
合计							

以下几个项目尤其需要财务部注意：

① 售罄率。要根据公司资金周转率的战略指标要求审批售罄率指标的合理性，并协同营运部评估能力是否足够支撑。

② 折扣率。根据公司战略目标中毛利率经营指标的要求审批。

③ 采购成本预算。根据公司资金情况审批，并协同采购部评估供应商是否有降价空间。

④ 采购时间。组货制与订货制最大的不同是采购时间。订货制几乎是一次性投资，分月发货；而组货制分为首采投资和补货追单，所以财务部不会把季节采购预算费用一次性给采购部，还需要采购部制订更加详细的波段采购计划，明确每个月怎样分批使用季节采购预算。

------------------------------| 实践要点 |------------------------------

1. 四季销售周期图谱非常重要，不能让商品部闭门造车，总前委可以找一个专门的时间组织大家在一起制作图谱。

2. 如果市场规模较大，四季销售周期图谱就要分大区进行绘制。

3. 四季销售占比规划涉及商品企划和市场策略，需要公司高层参与制定。同时，四季销售占比规划还要按照大区、分区、单店级别制定，可以让店长管委会参与制定本小组门店的规划。

4. 想卖完历史库存，就不能只靠现有渠道，还要开发临时渠道。

5. 当季售尽思想是经营的主旨，要坚守这个底线。

商品销售计划制订

用三段六月法控制销售节奏

要想实现当季售尽,就要重新设计商品的销售管理方式,改掉大家临阵磨枪,货都到门店了才开始琢磨怎么卖的习惯。

新的商品销售管理方式涉及以下几个问题。

1. 怎样设计四季产品的销售衔接

时尚零售的连锁经营有很强的规律性。图 4-5 是某公司的商品生命周期图,从图中可以看出,其春季产品和夏季产品在两年中的销售情况是差不多的,各自的曲线大体相似。

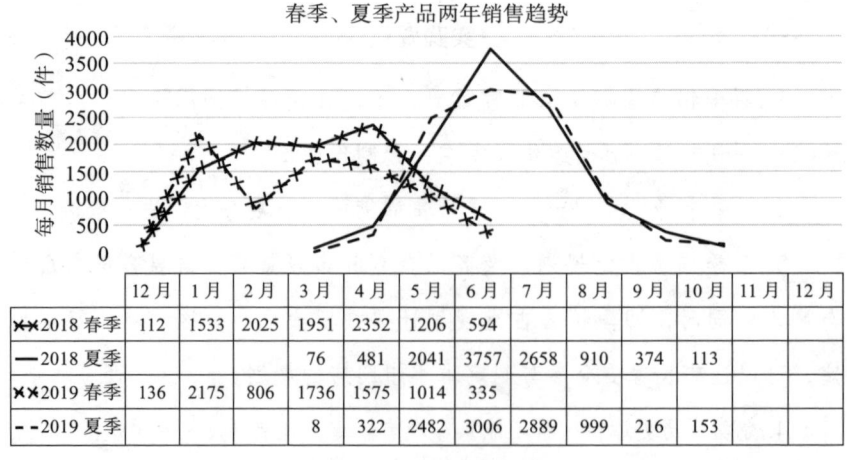

	12月	1月	2月	3月	4月	5月	6月	7月	8月	9月	10月	11月	12月
✕✕2018春季	112	1533	2025	1951	2352	1206	594						
——2018夏季				76	481	2041	3757	2658	910	374	113		
✕✕2019春季	136	2175	806	1736	1575	1014	335						
- -2019夏季				8	322	2482	3006	2889	999	216	153		

图 4-5 商品生命周期图

你的公司也可以统计 3~5 年的销售数据，做出每一季新品的商品生命周期图，对比多年同期，看产品销售趋势。

根据商品生命周期图所示：每一季产品的销量都会衰退下滑，这时门店如果没有新的产品支撑，业绩就会下滑。最佳的方案是在这一季产品销售衰退时期上市下一季产品，用新一季产品的销售成长抵消上一季产品的销售下滑，让门店获得两季产品同时销售的业绩支撑。

那么，一季商品的销售起点和终点该怎么规划？这还要看产品的生命周期特性。

案例 4-1

某北方品牌，四季组货女装快时尚连锁经营。商品企划人员给每个销售季规划了五个月的销售周期，设计了四个季节衔接点，分别是 4 月（春季下滑夏季成长）、7 月（夏季下滑秋季成长）、10 月（秋季下滑冬季成长）、1 月（冬季下滑春季成长）。每一季产品的上市销售起点时间要在季节衔接点的基础上提前 10~15 天。分别是春季 12 月 22 日上市，夏季 3 月 19 日上市，秋季 6 月 21 日上市，冬季 9 月 22 日上市。

2. 怎样设定一季商品的上市管理节点

要引入上市管理节点，用于管理人员调节上市速度和销售力度。

表 4-6 是商品上市管理节点的示例。表中有几个概念需要说明一下。

① 新品上市时间：为了赢得优势吸引顾客，本季产品在门店开始展示的时间。

② 上市高峰时间：本季产品款式最多、尺码最全的时间。

表 4-6 商品上市管理节点表

季节	高峰气温	穿着打扮	新品上市	上市高峰	销售高峰	上市终止	收尾结束
初春	低于5℃	春季服装	11月21日	12月21日	1月1日	1月31日	3月15日
春季中	超过15℃	外套与长袖上衣	1月21日	3月5日	3月15日	3月31日	5月31日
初夏	超过20℃	短外套与短袖上衣	3月10日	4月21日	4月30日	5月20日	6月30日
盛夏1	超过25℃	短袖	4月21日	5月21日	6月1日	6月20日	7月31日
盛夏2	超过30℃	短袖、无袖	5月21日	6月21日	7月1日	7月20日	8月31日
初秋	低于25℃	短外套、短袖上衣和长袖	7月20日	8月10日	8月15日	8月20日	9月15日
秋季中	低于15℃	秋季外套与长袖上衣	8月21日	9月21日	10月10日	10月21日	11月30日
冬季	低于10℃	冬季外套、叠穿衣物	10月10日	11月10日	11月25日	12月20日	2月28日

③ 销售高峰时间：产品销售曲线达到最高值的时间。

④ 上市终止时间：销量开始下滑的时间。这时就不要再上本季新款、补单了。

⑤ 收尾结束时间：对剩余库存进行快速销售，争取卖完的时间。

通常情况下春装在5月收尾，夏装在8月，秋装在11月收尾，冬装在2月收尾。

有了这张表，采购人员就知道什么时候一定要把什么货拿到门店去，什么时候什么货要给最多、什么货不给；销售人员就知道什么时候该把什么货卖完。

3. 怎样控制季节商品的销售节奏

一季商品从新品上市开始到收尾结束，少则4个月，多则6个月，在这段有限的时间内，怎样才能管理得更加细致，控制好销售节奏呢?

我们要按照三段六月法，把一季商品的销售期分成三个阶段：导入期、主销期和收尾期。导入期1~1.5个月。用过渡款让上一季产品顺利收尾，同时快速把新货铺进门店，焦点是抢早上市，抢顾客早买。主销期通常为3个月，用主推款实现销售起量，焦点是精准补货，少调拨，省运费。收尾期1~2个月，卖完剩余库存，注意避免过低折扣甩卖。

实现销量目标的两种模型

1. 订货制售罄率成长模型

经营订货制品牌的公司，可以使用售罄率成长模型（见表4-7），以售罄率85%为例（本品牌季末退货率15%，85%的售罄率相当于每一季都是零库存），有A、B、C三种模型可选。

表4-7 售罄率成长模型

销售周期	导入期	主销期			收尾期	
	导入月	主销月	高峰月	主销月	收尾月	撤货月
春季	1月	2月	3月	4月	5月	6月
夏季	4月	5月	6月	7月	8月	9月
秋季	7月	8月	9月	10月	11月	12月
冬季	10月	11月	12月	1月	2月	3月
A模型：季中爆发	15%	30%	55%	70%	80%	85%
B模型：季中后爆发	10%	20%	40%	65%	80%	85%
C模型：季中前爆发	20%	45%	65%	75%	80%	85%

在模型中，一季商品的销售周期为6个月，切分成三个阶段，也就是导入期1个月，主销期3个月，收尾期2个月。我们对85%的售罄率目标进行拆分，分解到每个月，A、B、C三种模型的售罄率增长

速度各有不同。A 模型是季中爆发，前慢中快。B 模型是季中后爆发，前慢中后快。C 模型是季中前爆发，前中快后慢。

如果不对商品销售进行控制，就会很自然地按照 B 模型的走势，把一季的销售压力都放在季中后的低折扣促销上，而这是盈利性较差的一个模型。

公司的四季商品销售应该先采用 A 模型，也就是季中爆发，今后逐步向 C 模型努力。C 模型需要更加精准的 VIP 购买服务系统，需要更好的销售员。

选定了模型，每个月的售罄率目标就清楚了。如果我们想把售罄率目标定得更高甚至是 100%，可以在收尾期进行指标的调整。还可以把高峰月向前移，争取把出现销售高峰的时间提前 15 天，抢占市场制高点。

2. 组货制销量占比成长模型

经营组货制品牌的公司通常要先确定季节销量总目标，然后分波段、分批次进货。

为了实现当季售尽理念，要按照 5 个月做 100% 销量目标分解，采用销量占比成长模型（见表 4-8），用月度销量占比乘以总目标，就可规划出月销量。

表 4-8　销量占比成长模型

销售周期	导入期	主销期			收尾期	
	导入月	主销月	高峰月	主销月	收尾月	撤货月
春季	1 月	2 月	3 月	4 月	5 月	6 月
夏季	4 月	5 月	6 月	7 月	8 月	9 月
秋季	7 月	8 月	9 月	10 月	11 月	12 月
冬季	10 月	11 月	12 月	1 月	2 月	3 月
5 个月实现销量目标	15%	40%	75%	90%	100%	—

设定销售折扣的安全线

一季商品的月度销量目标已经分解完毕,现在要规划月度销售折扣。这是指每个月要设定销售折扣的安全线,避免没有底线地一次次打折,落得销量高却不盈利的结果。

在规划采购预算时已经算出了一季商品的销售折扣,现在要通过以下三步确定月度销售折扣。

第一步,同期历史数据分析,找出同一季节商品的月度销售折扣。

第二步,营销背景复盘,改善月度营销策略,初步修正销售折扣。

第三步,采用商品月度销售目标模板(见表4-9),使用成长模型计算出的月度销量,结合季节产品的平均单价,算出每个月的销售额和销售折扣。

表4-9 商品月度销售目标模板

项目	导入月 4月	主销月 5月	高峰月 6月	主销月 7月	收尾月 8月	撤货月 9月	小计
销量占比	3.5%	15%	30%	25%	18.5%	8%	100%
折扣	98%	98%	93%	90%	78%	65%	88%
销售件数	665	2850	5700	4750	3515	1520	19 000
售罄率	3.3%	14.3%	28.5%	23.8%	17.6%	7.6%	95.1%
累计售罄率	3.3%	17.6%	46.1%	69.9%	87.5%	95.1%	
月销售金额(元)	133 599	572 565	1 086 705	876 375	562 049	202 540	3 433 833
累计销售金额(元)	133 599	706 164	1 792 869	2 669 244	321 793	3 433 833	
回笼资金(元)	−1 916 402	−1 343 837	−257 132	619 244	1 181 792	1 383 832	
回笼率	7%	34%	87%	130%	158%	168%	

注:本规划只规划新品销售。各月对应的销售件数、销售金额为上述当季商品的销售数据,不代表该品牌整体销售目标指标。

总前委要对月度折扣进行推演，看看它到底合不合理，检验的指标是回笼率。一般情况下，回笼率达到 100% 的时间在高峰月与主销月交替前后，也就是上市之后 90~100 天。

通常情况下，折扣是前低后高，但是也有一些出奇制胜的做法。比如有一些经营高端女装的公司会在新品上市时给预售折扣，如七五折，即开季销售价格不是正价，等 VIP 顾客该买的都买了，两个半月之后，散客再来买时，价格反倒没有那么低了。

使用商品月度销售目标模板时要注意：

如果是组货制品牌，夏季想卖 19 000 件衣服，用月度销量占比就能算出每个月要卖多少件。比如表 4-10 中，6 月的销量占比是 30%，乘以 19 000，则 6 月要卖 5700 件衣服。如果是订货制品牌，则可以直接用售罄率计算月度销量。

填制全年商品销售计划

把四季商品的月度销售目标放在一张表中，这张表体现的就是公司全年的总体目标在四季商品维度上的月度销售额分解结果。

全年商品销售计划模板分为两部分，一部分是新品销售计划，另一部分是库存销售计划（见表 4-10）。

新品销售计划来自商品月度销售目标模板，填入销售金额就可以。有的公司会再做两张表：一张是每个月的销售牌额，一张是每个月的销售数量。

库存销售计划来自库存销售计划表（见 167 页表 4-2）。这张表记录了每一款货的上市时间、门店任务、价格、折扣等，有了这些数据，就能算出库存及产品在每个月能卖多少钱。

表 4-10 全年商品销售计划表

单位：元

商品结构		1月	2月	3月	4月	5月	6月	7月	8月	9月	10月	11月	12月	合计
新品销售计划	春季													
	夏季													
	秋季													
	冬季													
小计														
库存销售计划	春季													
	夏季													
	秋季													
	冬季													
小计														
合计														

商品部按照全年商品销售计划表，把各月所有商品的销售额数据加起来，就得到了商品部的月度销售金额。

如果商品部的月度销售金额高，营运部的月度业绩目标低，就需要调整。方法是调整每月的季节占比、新老占比，或者调整营销策略，直到两者金额一致。

我们再延伸一下，能不能把全年商品销售计划表做成片区的、单个门店的？这样的话，公司目标的分解套路不就可以用在各个分区任务、各家门店任务的分解上了吗？

-----------------------------| 实践要点 |-----------------------------

1. 要把四季商品的衔接时间设计好，保证门店有产品业绩支撑。

2. 商品的销售周期划分，要从生命周期数据中找依据，每个品牌差异很大。

3. 售罄率成长模型只是一种参照思路，要按照自己公司的实际情况调整设计。

4. 每个月的销售平均折扣是单季节指标，门店月度平均折扣与此不同。

5. 虽然有了商品销售计划，但是对于经营组货制品牌的公司而言，商品按照波段批次首采，销售时再进行主打款补单，因为采买的复杂因素较多，会影响新品入库，所以每个月都要调整销售计划。

商品上市管理

商品上市管理是商品销售计划的一部分，它非常重要。

波段售罄推进方式

在商品上市方面，传统的管理方式是：公司提前 4~6 个月订货，工厂按照季节生产计划生产，新产品上市后，在 13 周内销售情况较好，随着时间推移，畅销款开始断货，门店新品的热度也开始衰退，平销款和滞销款开始积压库存，哪怕商品部频繁调拨，销售也难有起色，这时公司只能提早进行折价销售，折扣力度超过 50%。每年的春夏季在 7—8 月、秋冬季在次年 1—2 月，还要进行 4~6 周的季末大甩卖，来清空过季库存。其实甩卖的货量越大，毛利率就越差，最后导致公司的季节销售获利不高。

这种上市管理方式叫作挤压售罄推进方式（见图 4-6），它的主要问题是商品上市后，店员往往专挑畅销款推广和补单，以至于平销款和滞销款一直销量很低。等到季末大甩卖的时候，气候与商品不匹配，顾客觉得款式是旧款，再加上竞品打折力度大，多方不利因素影响下，只能低价甩卖回收资金。

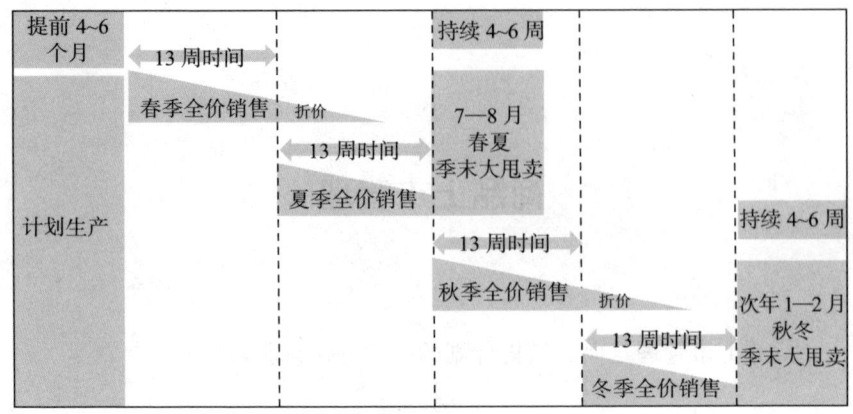

图4-6 挤压售罄推进方式

可见这种方式对公司的销售获利没有太大的推动作用。尤其是组货制品牌，其本身是波段上市，款多量大，就应该高频迭代，快速反应，适应市场的能力要强。如果每上市一批新货，门店就挑畅销款主推补单，留着不好卖的款式希望在大甩卖时出清，把风险都放在季末促销，就会造成门店的库存越积压越多，每一批货都卖不完，如何实现高盈利低库存？就算用削价的方式把库存卖完，实现了当季售尽，获利也不会高。

为了解决上述问题，有的组货制品牌的买手会在采买前做好波段系列商品企划，按照企划对每一个波段进行采购，待新品上市后，还会跟进畅销款和平销款的销售情况，分别做追单和促销。

这种波段组货方式本身没问题，也有很强的市场适应性，只是对每一波段货品的上市管理方式要革新，要避免出现门店将滞销款留着在大促时出清的现象。

我们把新的上市管理方式称作波段售罄推进方式（见图4-7）。

波段	第1周	第2周	第3周	第4周	第5周	第6周	第7周	第8周	第9周	第10周	第11周	第12周
A波	导入期	主销期	主销期	主销期	主销期	主销期	收尾期	收尾期				
B波		导入期	主销期	主销期	主销期	主销期	主销期	收尾期	收尾期			
C波			导入期	主销期	主销期	主销期	主销期	主销期	收尾期	收尾期		
D波				导入期	主销期	主销期	主销期	主销期	主销期	收尾期	收尾期	
E波					导入期	主销期	主销期	主销期	主销期	主销期	收尾期	收尾期

图 4-7　波段售罄推进方式

这种商品上市管理方式的特点是：每一波段货上市后，不能把滞销款库存留到季末，要在规定的波段销售周期内（收尾期）销售完，实现波段采销，先进先清。

现在很多线上直播间是不备货的，都是播完之后直接补单，一天可以播上百个款，其中有十几个能追单，其他款就放弃，这样可以快速剥离滞销款。这就是波段售罄推进方式。

波段售罄推进还有个好处：新品上市之后，我们可以快速找到潜力款进行资源投放，对滞销产品也可以很快想出策略在收尾期变现。这个过程中，我们是边卖边清，而且可以做到每一波都能销售一空，这种方法投资小收益大，资金周转速度非常快，年存货周转率通常可达到 6~12 次。

波段销售周期规划

买手每组一波段的货，可以销售多长时间呢？

要回答这个问题，首先要对每一波段的货设定合理的销售周期。通常有三种波段销售周期规划方法：全月制、半月制和单周制（见表 4-11）。

表 4-11 波段销售周期规划

波段	时间				波段销售周期			
	第1周	第2周	第3周	第4周	导入期	主销期	收尾期	合计
全月制 （1—31）	每月一波				4周	8周	4周	16周
半月制 （1—15，16—31）	A波		B波		2周	6周	4周	12周
单周制 （全年52波）	A波	B波	C波	D波	1周	5周	2周	8周

全月制是指每个月在供应链组完一盘货，当月之内允许补单，过了这个月就不允许补单了，以防止超量补货造成库存积压。

半月制是指15天在供应链组完一盘货，这15天之内允许补单，过后不能再补单。半月制还延伸出一种节气制，也是15天在供应链组完一盘货，只不过它是按照二十四节气区分波段的，更适合北方品牌。

单周制是指7天在供应链组完一盘货，这7天之内允许补单，7天之后不再补单。

由此，商品部规划的波段销售周期共有以下三种：

全月制波段：销售周期16周——导入期4周，主销期8周，收尾期4周。

半月制波段：销售周期12周——导入期2周，主销期6周，收尾期4周。

单周制波段：销售周期8周——导入期1周，主销期5周，收尾期2周。前页图4-7即单周期波段。

买手要在波段导入期上新产品和补单，备足一盘货，进入主销期便不能再补货，要快速消耗掉货品，在收尾期，竞品开始打折，我们的产品断码，可以用更低的价格或者选择某种特殊渠道，把剩下的货卖完。

波段的首采和补货

1. 采购预算的波段划分

产品季的采购预算制定完毕后,买手得到了预算的使用权,这时买手要把这笔季节采购预算分解到波段,如表4-12所示。

表4-12 波段采购预算投放

采购预算	预算划分	9—10月		11月		12月
100万元	月采占比	30%		60%		10%
	月采金额	30万元		60万元		10万元
	波段划分	10A	10B	11A	11B	12A
	波段投放	10万元	20万元	40万元	20万元	10万元
	首采60%	6万元	12万元	24万元	12万元	6万元
	补货30%	3万元	6万元	12万元	6万元	3万元
	迭代10%	1万元	2万元	4万元	2万元	1万元
	销售结束	12月末	次年1月中	次年1月末	次年2月中	次年2月末

第一步,将冬季采购预算100万元用历史数据做参照调优,分解成月采金额。

第二步,将每个月的采购金额用历史数据做参照调优,分解成波段投放金额。

第三步,将10A波段投放金额,按照首采60%的比例,向财务部申请6万元使用额度,买进新品进行门店铺货上市,按照试销管理流程进行测款。

第四步,对于10A波段新品在门店反馈较好的款,再投放波段预算的30%,向财务部申请3万元使用额度,追单畅销品,填补门店库存缺口。

第五步，预留波段预算的 10%，向财务申请 1 万元使用额度，用于迭代采购，组进市场新出现的畅销款。

表中的月采占比和波段投放，都来自历史数据和买手对市场的判断，销售结束时间来自波段销售周期规划。

2. 首采比例如何确定

为什么波段的首采比例要做到 60% 这么高？每一个组货品牌都要这样吗？

近年来行业的供应链变化迅速，去库存的压力使得供应链都小心谨慎，不少源头厂家纷纷开始收紧首采和追单政策，有些工厂减少了备面料库存，很多供应链甚至出现畅销产品无法长期补货的情况。所以买手要提高波段新品的首采占比，减少无法补货的风险。当然首采占比高，会给销售带来很大压力，可没有压力就没有进步，想赚钱就要敢压量。首采压力大了，对采销管理的细节就更要抓到位。

当然，品牌每一波段货品的首采比例不会都一样，要通过历史数据提炼规律，调整比例。

此外，不同的组货品牌，离原产地越近话语权越大，首采投放的比例越会降低。

3. 怎样在规定时间内组好一盘货

波段导入期很短，要采用订、补、迭快反模式，采、商、销三方协同组货。

订，是指买手选款首采，在订货会的初始下量，把 60% 的波段采购预算花出去，买进 SKU 宽度和首次铺货用的库存。

补，是指对本波段的畅销潜力款返单，采、商、销三方协同精准补货，把 30% 的波段采购预算花出去，补充销售用的备货。

迭，是指反馈改良款，买手可以把 10% 的波段采购预算投入到新的市场爆款，以及首采款根据顾客反馈调整设计细节后的改良款上。

通过订、补、迭的连贯操作，公司才能组完一波段货品。所以我们希望货品上市后，商品部立刻让门店开始试销，快速判断其有无销售潜力，有就补货，没有就停补。这个过程绝对不是销售人员单打独斗就能做好的，要有采、商、销的共同协作。

4. 怎样快速找到销售潜力款，尽早追单

通常有四种快反追单方式：到货审版追单、顾客反馈追单、销量增长追单和畅销排名追单。

到货审版追单：新品到仓或者到店后，由销售人员当日进行审版，对有销售潜力的款确认追单。

顾客反馈追单：上市销售 3~7 日，顾客试穿评价较好的商品，可以直接确认追单。

销量增长追单：连续 2~3 周销量增长趋势明显的商品，可以确认追单。

畅销排名追单：按照畅销款排名，对靠前的款可以确认追单。

四种方式中，畅销排名法追单是速度最慢的。通过 3~4 周的销售才能找出追单产品，供应链或许早已经被别人抢断货了，所以建议组货品牌要慎用。

订、补、迭快反模式对公司的试销管理流程要求高，总前委要设计采、商、销三方业务协同的流程，这样才能把一个波段的首采、补

单、迭代三个环节做好。

订、补、迭快反模式对波段销售周期管理的要求也非常高，波段的销售工作更要在规定的时间之内结束，不能把滞销库存剩到季末大甩卖，这样才能控制住毛利率。

品类波段上市计划

怎样在渠道铺开一波段货品？

总前委需要编制品类的波段上市计划，设计销售主题和促销规划。上市计划体现了我们对顾客需求的理解，这些在销售开始前都是可以进行预判的，没有这样的设计，我们就掌控不了一盘货的展开销售过程。表4-13是一份编制好的品类波段上市计划表，这个计划表将买手组的一盘货按照品类规划出不同波段展开计划。我们要分三个步骤，才能编制出这样的上市计划。

1. 第一步，了解本地区的营销资源

一般来说，消费者会在重大节假日或换季时购买新上市的应季商品，因此门店需要在这个时间之前拿到新款，通过陈列展示吸引顾客试穿。

在表中，我们标出每个月的平均温度和二十四节气，还可标示三伏三九——这是一年中温度的两个极端时段。品类上市的产品，既要保证颜色、薄厚等符合时节特征，满足顾客的需求，又要保证门店能卖，真正做到"只卖顾客想要的"。

2. 第二步，设计销售主题，在销售节点力推品类的搭配组合

我们把品类分成导入品类、主推品类和收尾品类，在每个月重要

表 4-13 品类波段上市计划表

月份	7月								8月								9月								10月								11月								品类合计			
波段	7A				7B				8A				8B				9A				9B				10A				10B				11A				11B							
节日	款	款占比	数量	数量占比	款	款占比	数量	数量占比	款	款占比	数量	数量占比	款	款占比	数量	数量占比	款	款占比	数量	数量占比	款	款占比	数量	数量占比	款	款占比	数量	数量占比	款	款占比	数量	数量占比	款	款占比	数量	数量占比	款	款占比	数量	数量占比	款	款占比	数量	数量占比
温度特征/节气																																												
三伏三九																																												
导入品类																																												
主推品类																																												
收尾品类																																												
细节备注（如款式、价格带等）																																												
类型-品类																																												
上衣																																												
合计																																												

的销售节点，要巧妙地把品类搭配组合用讲故事的方式推销给顾客，要将不同品类的产品编成"销售主题卡"，包括品类上市SKU、价格带、色彩主题、版型与材质特点、主推款搭配组合、穿着情节场景等，用设计好的主题烘托产品特征，向顾客传达对美好生活方式的遐想。

3. 第三步，安排促销规划，实现每个销售主题的推广

促销规划分为内部促销和顾客促销。

内部促销，就是给门店讲解新品的上市培训教材，包含每个销售主题的搭配方案、销售卖点、情节场景和VIP顾客匹配分析，并用实际商品进行销售演练，务求让每个销售人员烂熟于心。

顾客促销就是设计搭配组合的购买优惠方案，特别是整单金额较高的搭配，要有专门的议价审批流程，这样做的目的是让店员愿意卖，顾客愿意买。

---------------┤ 实践要点 ├---------------

1. 总前委要确定公司采用什么样的波段划分方式。

2. 采购部要进行波段月采金额分解，制定波段的订、补、迭比例。文中的首采60%、追单30%、迭代新款10%可以按照公司的情况加以调整，不同品类供应链完全不一样，每一波段货品的订、补、迭比例也要进行相应调整。

3. 对公司的追单方法进行复盘，研讨追单流程的改善。

4. 尝试做出一个月的波段品类上市计划，跟进实际使用情况，挖掘落地难题。

第五章

年度财务计划制订

> 经营风险内控框架

> 订单回笼率的监管

> 存货周转率的监管

导言｜升级财务职能，促进店货双赢

你所在的公司已经连续几年利润率严重下滑，门店盈利性很差，财务部对门店盈亏的预判滞后，订单经营周期过长，每一季花大笔资金进的货销售很慢，一两年都卖不完，资金周转慢。

创始人想扭转局面，提出高盈利经营的期望，这时，财务管理团队或许会这样想：其一，财务部管好账目就行了，别插手公司经营上的事，自找麻烦；其二，财务部每月做好财务报表，对营运部和商品部做到收付款及时就行。

这两种想法意味着公司的财务管理方式已经老化失效了。营运计划只保证了业绩和毛利额，商品计划只保证把库存卖完，但是公司想实现高盈利经营，还需要财务部做些什么呢？

在有些创始人眼中，抵御经营风险和存货变现是自己和营运部的事，公司的高盈利跟财务部没有直接关系，财务部就是算一下利润而已。但是，公司想做大，就需要升级财务职能，对经营风险和存货变现进行财务监管。通过建立财务计划提升财务效率，建立财务流程重塑部门协同，这才是公司高盈利经营的根本。

公司要重新设计财务机制，采用店货双赢监管方式，才能真正实现高盈利经营。

店货双赢是指公司的门店运营和四季商品运营都要盈利。财务部要对门店的利润率和周转率进行监管，如果它们的月度/季度/年度数据达标，就实现了渠道盈利，我们叫作"店赢"。但这只能算一半的胜利。还要对四季商品的资金回笼率进行监管，四季商品季末资金回笼率达标，就实现了订单盈利，我们叫"货赢"。这是另一半的胜利（见图 5-1）。

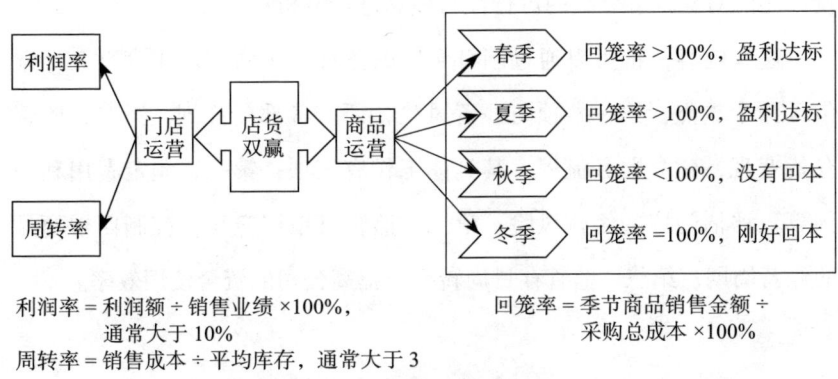

图 5-1　店货双赢高盈利经营

如果公司全年经营结束，渠道门店的利润率、周转率和四季商品的资金回笼率都达标，就实现了店货双赢，公司才算是真正赚钱了。

在这一过程中，财务职能的升级必不可少。高价值的财务部应具备这样的职能定位：

第一，财务战略的制定者。协助管委会制定战略地图，规划财务层面的北极星目标，把大家从务虚的"天上飞"拉回地面"稳步跑"。

第二，经营管理的驱动者。发现门店亏损、存货积压，对未来的发展提出要求，驱动团队向往新目标。

第三，财务活动的执行者。构建成本管理、财务流程，让团队用最优的成本获得更高的盈利。

第四，财务风险的控制者。洞察投资风险，帮助公司应对更加复杂的市场，而不再限于管控费用、现金和资本。

为了实现高盈利经营，需要采、商、销、财协同，要把财务职能加到总前委中，重塑财务价值，赋能业务增长。

总前委有了财务职能，就能对各项费用预算进行分析，评定其合理性，提出优化建议；能制定店铺业绩红线，监管资金回笼速度及质量；还能对奖励、分红的可行性与核算进行分析；等等。

这些内容，都可以通过制订年度财务计划来实现。年度财务计划包含两个重点：第一，预防经营风险，评审各部门计划；第二，监管存货变现，建立财务流程。其具体工作有三项：第一，制定费用利润预算，评估门店的经营风险；第二，监管订单回笼率，控制四季商品的经营周期；第三，监管存货周转率，提高公司的资金使用效率。

经营风险内控框架

要想实现店货双赢高盈利经营,就必须在财务计划中加入对经营风险的内部控制。财务部要对营运部和商品部上报的计划进行风险评估。

费用控制与利润目标测算

营运计划源于单店单月的目标分解,财务部要对门店每个月的费用、利润情况做出可行性分析,从中找出问题点并提出整改建议。

对于财务部来说,这可是一项浩大的工程,为求高效可以分成四个步骤实施。

第一步,根据门店费用利润分析表(见表5-1),对比过去2~3年的同期数据,找出待改善的费用指标,并挖掘其改善空间。

如果一个公司每年的费用率是20%,利润率是10%,一旦公司一年之内没有收入,那么就需要用两年的积累才能支付一年的费用。所以既要预留利润,又要控制费用。

要详细记录各类费用的使用情况(包括本期发生额和上期发生额),计算同比增长率,从中分析哪些费用增长过快,需要控制。

固定费用是指房租、装修分摊、水电费、人员的基本工资等跟业绩目标没有相关性的费用。为什么这个店的租金这么高?租金有没有调整的必要和可能,以换得门店利润的增长?销售的成本有没有可能

表 5-1 门店费用利润分析表

单位：元

项目	9月	10月	11月	12月	1月	2月	合计
销售收入	114 540	134 234	141 869	137 902	183 301	150 139	861 985
销售成本	61 962.45	70 681.94	72 053.80	70 117.86	107 093.86	102 918.12	484 828.03
毛利额	52 577.55	63 552.06	69 815.20	67 784.14	76 207.14	47 220.88	377 156.97
毛利率	46%	47%	49%	49%	42%	31%	44%
租金	10 800	10 800	10 800	10 800	10 800	12 500	66 500
工资	12 683	14 314	13 000	14 180	14 480	16 011	84 668
销售奖金	1000	0	0	0	34	1545	2579
广告费	0	50	0	0	0	0	50
装修费	0	0	0	0	0	0	0
备品	916	1299	39	0	0	0	2254
水电费	2549	0	1151	2289	0	1658	7647
总部管理费用摊销	19 386.45	12 919.09	9789.65	12 031.59	15 333.42	14 590.65	84 050.85
其他费用	6292.72	3463.52	517.41	931.02	1299.28	2047.91	14 551.86
费用合计	53 627.17	42 845.61	35 297.05	40 231.61	41 946.70	48 352.56	262 300.71
利润额	-1049.62	20 706.45	34 518.14	27 552.53	34 260.44	-1131.68	114 856.26
利润率	-1%	15%	24%	20%	19%	-1%	13%

降低？这家店卖的是哪些供应商的货品，主供应商的货品成本为什么会提升这么多？有没有其他更低成本的供应商可以提供相似的货品？

变动费用是指跟业绩额变化有关系的费用，比如提成。奖金和工资为什么是这个数？为什么门店的奖金会这么高？有些门店的贡献高，为什么他们的奖金比别的门店低？

其他费用当中如果经常发生一种费用，且这种费用的占比越来越大，那就需要对它进行科目管理，做出预算，加以控制。

再换一个角度来看。

销售费用的控制可以以大区为单位来做，大区管理者也可以参与其中。费用科目必须做得足够细，费用分解到店、到月、到人，是最好的。

根据费用的使用情况，可以跟公司申请费用控制得好的予以奖励，这样大家都愿意主动节省费用。

在研发费用方面，要考虑的问题包括但不限于：现在公司要不要把直播间和直播设备准备到位？要不要使用CRM客户管理系统？此外，线上线下拉通做全渠道，一套中台软件需要多少钱？要不要开发小程序，做自己的App？这些都不是短期之内能见到效益的，需要有长期规划。

管理费用涉及公司的一些日常花销，比如培训费。这些费用在做预算的时候就要有所约束。再比如员工的薪酬，也是需要每年调整的。

有些费用要降，有些费用要增。商品要加强快反机制，要加强线上销售，物流费用就需要增加。总费用增加了，就要分析哪些方面可以提高效率，让增加的费用有价值。加强客户关系、维护VIP顾客的费用等，也要相应增加。

第二步，评价历史数据中每个月的利润和利润率水平，找出利润指标趋势下降和趋势上升的月份。

第三步，用万能公式测算利润目标。

公司在制定战略目标时，已经在财务层面设定了总利润目标值。现在要根据已知的月度业绩目标、毛利率和费用，结合万能公式，测算门店月度利润目标。

业绩额＝（固定费用＋利润）÷（毛利率－变动费用率）

其中，固定费用为房租、装修分摊、水电费、人员基本工资等，变动费用率为扣点、提成等。

万能公式相关指标定义：

毛利率＝（销售收入－销售成本）÷销售成本×100%

毛利额＝业绩 × 毛利率

利润额＝毛利额－固定费用－业绩额 × 变动费用率

这个公式可以用于一个门店的月度测算，也可以用于季度、年度测算。它既可以测算业绩目标能创造多大的利润，也可以倒推为了要这些利润，门店应该做出多大的业绩。

案例 5-1

以业绩目标推算门店利润

门店业绩目标 400 000 元，固定费用 149 602 元，变动费用率 5%，毛利率 52.9%，利润额是多少？利润率是多少？

根据万能公式，可以算出利润额是 41 998 元，利润率是 10.5%。

案例 5-2

以门店利润推算业绩目标

门店利润需求 50 000 元,固定费用 149 602 元,变动费用率 5%,毛利率 52.9%,门店业绩需求是多少?

根据万能公式,用利润目标倒推业绩,可以算出想赚 5 万元,业绩必须做到 416 705.64 元。

第四步,协助营运部调整门店业绩目标。根据推算,找出渠道的重点门店、重点月度、亏损门店和亏损月度,设定符合公司要求的业绩和利润目标。

月盈亏平衡点测算

盈亏平衡点又称"保本点分析",通常指门店的销售毛利等于全部费用时的销售业绩。销售收入高于盈亏平衡点,门店盈利;反之,门店亏损。

盈亏平衡点 = 固定费用 ÷(毛利率 − 变动费用率)

公式中的变动费用包括提成、合同扣点、促销费、广告费等。

在万能公式中,利润需求为 0 时,业绩目标就是盈亏平衡点。门店的月度销售金额如果达不到这个数值,就亏损了;如果刚好能达到这个数值,即销售产生的毛利额正好抵消费用,零利润,这一个月还是白干。

门店定好业绩目标,财务部要结合连续 2~3 年的历史同期数据,分析门店以往的月度盈亏平衡点和达到日期的规律,然后设计月度盈亏平衡点数值和达到时间标准,这就是盈亏平衡点 AB 段工作法。

如图 5-2 所示，门店的盈亏平衡点达到日是 20 日，20 日之前门店是亏损的，20 日是零利润，我们称之为"A 段亏损区"，20 日之后开始有利润了，我们称之为"B 段利润区"。

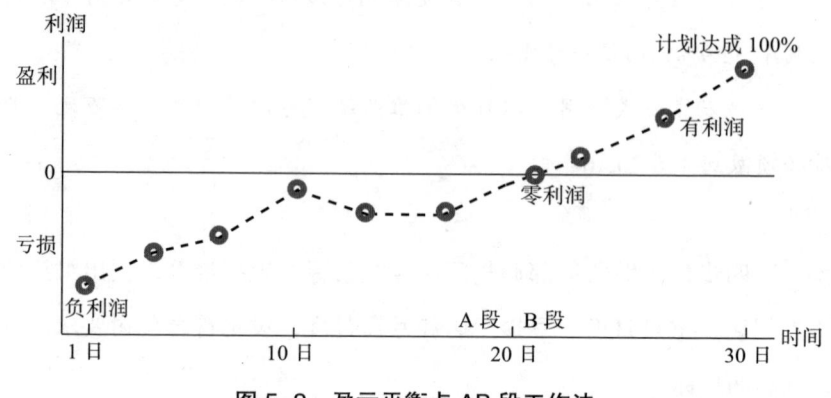

图 5-2　盈亏平衡点 AB 段工作法

A 段亏损区工作重点：抢业绩，尽早通过盈亏平衡点，跨进利润区。

既然门店月业绩通过盈亏平衡点就会进入利润区，那么让门店的盈亏平衡点变低，才能避免亏损风险。从盈亏平衡点的公式可以看出，降低固定费用、提高毛利率都会使门店的盈亏平衡点金额门槛变低，这就需要门店的管理者在这方面聚焦各种好方法。反之，员工提成升高、市场扣点提高、促销费和广告费的比例加大，都会拉高门店的盈亏平衡点，这些是经营中要尽量避免或者密切关注的"大事"。

假如门店的盈亏平衡点是 12 万元，也就意味着 A 段的销售目标是 12 万元，销售团队要尽早达到这个目标，通常我们会给门店规定达到这个目标的时间段，销售情况越好的店铺时间段越短，通常是当月 15—17 日达到目标，不能晚于 21 日。

有了 A 段的销售目标和达到时间要求，门店管理再也不像以前那样模糊了，对于能够在规定的时间内达到盈亏平衡点的团队，可予以相应的绩效奖励。

B 段利润区工作重点：卖高毛利品，达到月度利润目标。

门店业绩通过盈亏平衡点后，时间剩余并不是很多，要在有限的时间内实现利润目标，就需要注意产品的毛利率。

通常产品的销售折扣力度越大，毛利率就会越低，销售这样的产品会拉低门店利润水平，因此在 B 段利润区，要全力以赴销售新产品或者低折扣的货品，尽量避免低价抛售产品，否则亏损平衡点就会变高，门店又回到了亏损区。

怎样利用盈亏平衡点 AB 段工作法提升门店利润率呢？

第一，尽量将盈亏平衡点达到时间提前。

门店的盈亏平衡点达到日是 20 日，20 日以后 10 天的销售额产生的毛利就是公司的利润来源。所以，盈亏平衡点的达到时间不能设定得太晚。我们要激发员工的能动性，对提前达到盈亏平衡点的团队给予奖励，以此激励别的门店也把实现盈亏平衡点的时间提前。

第二，重视达到盈亏平衡点之后的销售工作。

很多公司利润率差，实际上是在达到盈亏平衡点之后的销售额差。有些门店到第三周结束的时候，就是 21 日左右，一旦看到业绩连 70% 都还没完成，在第四周就泄气了。但是根据盈亏平衡点的原理，第四周恰恰是赚利润的时间，一定不能松懈。

在销售管理中，要逐个门店逐个月地做 AB 段工作检查，还可以把业绩目标考核分成 A、B 两段。

财务部与营运部交互式决策

财务部要对营运部的年度计划进行盈利性评估（见图 5-3）。

对于同一件事，财务部的想法与营运部不一样。比如折扣，营运部的折扣计划是为了促销出业绩,而财务部会评估折扣的合理性,会测算设定的折扣能否实现利润目标。

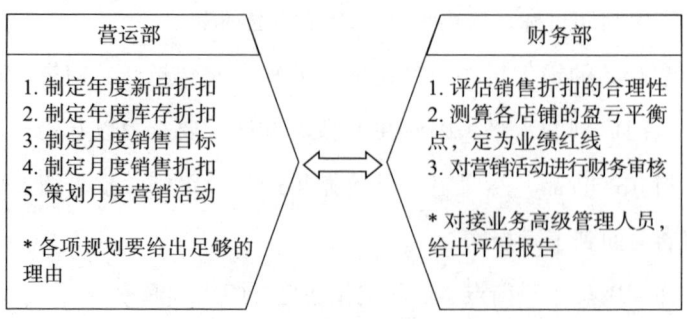

图 5-3　财务部与营运部交互式决策

对于营运部制定的月度销售目标,财务部会检测盈亏平衡点,确定目标达到日。

如果营运部觉得营运目标是合理的,就要把理由告诉财务部,但是如果财务部评估有风险,营运部就应根据财务部的建议调整目标。

一年12个月,门店不可能12个月都赚钱,达到一定的盈利数月就可以了,比如有9个月盈利就算合格,虽然有3个月没盈利,但达成率符合财务要求,就可以了。

对各项活动的策划费用,财务部要进行财务审核。营运部要的是业绩,财务部要的是利润。财务人员会考虑成本,考虑盈亏平衡点,考虑促销活动是否能做到投入产出效率最高。

------| 实践要点 |------

1. 财务部要评估营运部各项计划是否合理,营运部要看财务部给的费用方案是否可行。

2. 营运计划中可以有门店在短期内战略性亏损,但是这个店必须活下来。

订单回笼率的监管

订单回笼率的监管,主要是对公司采购的每一季产品能不能赚钱、能赚多少钱进行规划和执行管理。

订单经营周期管理

一季货什么时候能卖完?这是一个很重要的问题。一批货卖完所需的时间越长,公司赚钱的速度就越慢。货能很快卖完,订单就能快速盈利。

公司的经营者通常对库存的资金占用情况较为敏感,而商品部大多只负责销售产品,卖货已经消耗了他们大量的时间和精力,控制存货的时间并不是他们重视的事。因此财务部要与商品部协同,进行存货的销售时间管理,这就是订单经营周期管理。

订单经营周期是指企业从购买存货开始,直到卖完产品,收到全部现金为止的时间段。财务部要对订单实施严格的周期管理,目的是缩短产品变现的时间,为公司赢得宝贵的现金流。

如果公司的经营采用四季采购模式,每年就会有四个订单需要进行经营周期管理,因此这是一项较为繁杂的控制工作,需要专业的分析方法,才能实施高效的管理。

对于时尚类产品,通常订单新品会在第一年销售较好,第二年库存的销售势头就会弱很多，因此大多数企业会规定，订单的经营周期不能超过两年，零售行业中做得较好的快时尚品牌，甚至可以做到单季节五个月内完成全部销售。

还有一些产品是按波段采销的，这就要规划每一波段的经营周期。

订单归零描述

为了缩短订单的经营周期，财务部要对产品实施归零管理。

归零管理，就是以把货卖完为目标，对订单的销售推广进行阶段性规划，即把订单经营周期分解成几个阶段，每个阶段各有一个小目标。这个分阶段规划的过程，我们称之为"订单的归零描述"。

1. 两阶段部署法

订货制品牌比较常用的方式是两阶段部署法。因为订单的第一年是销售黄金时期，所以叫作应季推广阶段，这个阶段是订单销售的主要时期，规划的任务量会较高。订单的第二年叫作过季推广阶段，这是一盘货出清获利的关键时期，根据订单的归零管理思路，订单上一阶段的过季库存要在这个阶段卖完，财务部会给出这一阶段的折扣标准，因为这是一个策略选择的过程，我们要分析多种因素。

表5-2是某品牌秋季订单归零描述表，它由五部分内容组成。

表 5-2 某品牌秋季订单归零描述

销售年	推广阶段	销售周期	订单数量（件）	牌额（万元）	成本金额（万元）	售罄目标	折扣目标	预期销量（件）	预期金额（万元）	库存数量（件）	库存牌额（万元）
第1年	应季推广	7—12月	3452	518	230	80%	80%	2762	414	690	104
第2年	过季推广	7—12月	690	104	46	100%	65%	690	68	0	0
订单经营周期历经18个月										订单售尽	

① 订单基本信息：订单数量、牌额、成本金额。

订单数量是指采购订单中的件数。

牌额是按照产品的吊牌价核算的订单金额。

成本金额是按照产品进货价核算的订单总投资额。

② 订单规划指标：售罄目标、折扣目标。

售罄目标是在指定的时间内需要完成的销量。

折扣目标是在指定的时间内公司可以接受的销售平均折扣。

③ 订单销售目标：预期销量、预期金额。

预期销量是指在规定的时间内需要完成的销售件数。

预期金额是指在规定的时间内需要完成的销售金额。

④ 订单库存目标：库存数量、库存牌额。

库存数量是指在销售周期结束时公司可以接受的库存件数。

库存牌额是指在销售周期结束时公司可以接受的库存吊牌金额。

⑤ 订单销售时间：销售年、销售周期。

销售年指公司规定的订单产品在门店出现的年数。

销售周期指公司规定的订单产品在门店销售的起止时间，一般用月表示。

2. 当季售尽法

组货制品牌比较常用的方式是当季售尽法。当季售尽法采用波段售罄推进方式，所以每一波段的货都不剩库存，到季末售罄率就能达到100%。

回笼率与回笼资金测算

公司每一季订单的总进货成本应该尽早收回。我们需要用一种量化的方式对订单的投资回收情况进行监控，这就是回笼率。

回笼率 = 批次商品销售金额 ÷ 批次商品采购成本 × 100%

案例 5-3

公司春季订单，总进货成本 61 万元，采购数量 2334 件，当前销售 2215 件，销售金额 110 万元，请计算回笼率。

回笼率 = 110 ÷ 61 × 100% = 180%

1. 明确规定回笼率达到 100% 的时间

回笼率为 100% 时，叫作回本。我们要监管订单什么时候回本。根据大多数零售企业的实际数据，订单开始销售后四个月内实现回本最合适。

在表 5-3 中，冬季产品的回笼率就没有达到 100%，只有 65%，还差 35% 才能回本。通过财务分析，按照订单金额可以算出还差多少钱回本，按照均价可以算出还差多少件回本，由此，商品部和营运部有了具体目标，按照这个量销售，让回笼率达到 100%。总前委每一周都可以做这样的分析，通过数据查找问题点。

表 5-3 回笼率分析表

季节	进货量	进货成本（元）	销售数量（件）	销售金额（元）	库存数量（件）	库存金额（元）	回笼资金（元）	回笼率	售罄率	折扣
春季	2334	611 600	2215	1 109 560	21	11 629	497 960	181%	95%	76%
夏季	2100	549 456	2093	883 767	8	2992	334 311	161%	100%	74%
秋季	1658	607 618	1307	753 870	253	193 197	146 252	124%	79%	82%
冬季	2370	1 191 391	813	780 296	1642	1 809 208	−411 095	65%	34%	93%
合计	8462	2 960 065	6428	3 527 493	1924	2 017 026	567 428	119%	76%	80%

2. 影响回笼率的因素

影响回笼率的因素有折扣力度过大、开季销量过少、低单价产品推广多等。每周财务部都要对订单回笼情况进行风险分析，财务部、营运部、商品部要一同判断问题性质，共同确定有效的对策。总前委发现问题，确定方向，执行团队负责执行。

3. 如何判断订单赚了多少钱

不少公司对门店业绩和赚了多少钱都十分关注，时时刻刻都在计算和改善，可是对于订单是否赚钱，赚了多少，关注度普遍较低，以至于缺乏对订单投资回报的监管。实际上，一季订单到底赚了多少钱，是需要财务部监管的大事。

财务部要使用回笼资金指标对一季订单产品进行投资回报评价。

回笼资金 = 批次商品销售金额 - 批次商品采购成本

案例 5-4

公司春季订单，总进货成本 61 万元，采购数量 2334 件，当前销售 2215 件，销售金额 110 万元，请计算回笼资金。

回笼资金 = 110 - 61 = 49（万元）

即除了收回总进货成本 61 万元，还赚了 49 万元。

财务部要与商品部协同管理回笼资金，监控每一张订单，并依据发现问题的风险级别提出预警，每周在内部会议上公开此指标的情况，问责相关责任人，这样订单的投资回报监管才落到了实处。

财务部与商品部交互式决策

财务部要对商品部制订的计划和目标进行评估(见图 5-4)。

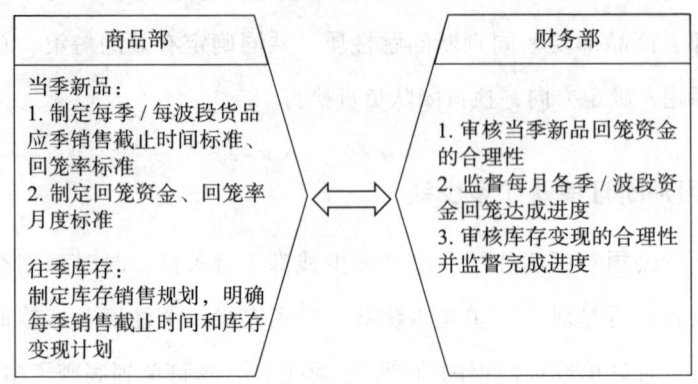

图 5-4　财务部与商品部交互式决策

在商品计划制订环节中,商品部制定出每季/每波段货品的应季销售截止时间标准,财务部要对其合理性进行评价。

比如,商品部计划春季产品的销售截止时间是 6 月,预期售罄率为 90%,而财务部根据公司历年的销售水平进行合理性分析,指出如果能做到 5 月售罄率达 90% 是最好的,6 月是可以结束春季订单经营周期的,而且这样毛利会更高。

商品部制定的回笼资金和回笼率月度完成标准,是财务部要进行监督的重点。

商品部对历史库存做的销售规划,同样要财务部审核并监督完成进度。

财务部与采购部交互式决策

财务部还要对采购部进行监管,把控其资金使用额度、使用时间、使用方向以及供应商优化等（见图5-5）。

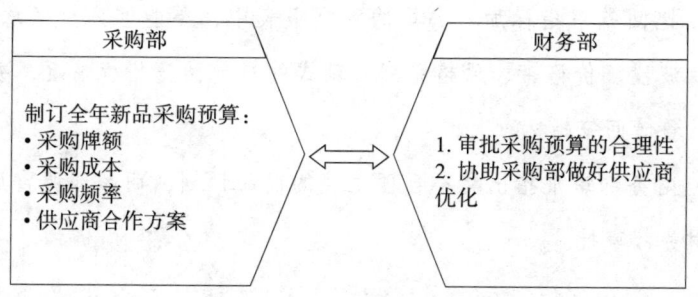

图5-5 财务部与采购部交互式决策

在商品计划制订环节，采购部制订出全年的新品采购预算，包括采购牌额、采购成本、采购频率，以及供应商合作方案。

财务部要审核季节采购预算的额度是否有偏差，采购均价和件数与同期相比是否异常等。如果一个品牌，它的秋季产品历史采购均价是1500元，今年均价变成1900元，采购金额就上涨了，销售均价也会同步上涨，财务部会敏锐地感觉到有风险：价高了有可能不好卖，造成库存积压。

财务部还要协助采购部做好供应商优化工作。要找到毛利率有异常的供应商，比如：以前毛利率很高，现在毛利率突然变得很低；原来的费用并不高，现在费用很高；原来的供应商均价是中低均价，现在变成中高均价；供应商的产品折扣一直比较稳定，现在不给折扣了；供应商原来是没有拖欠货款的，现在有欠款；供应商在我们公司以前没有库存，现在有库存了……这些异常都会在财务数据里体现出来，财务部要提取这些数据，提醒采购部及时进行调整。

──────────┤ 实践要点 ├──────────

1. 让商品部把三年以内的订单经营周期统计出来，看看还有哪一年哪一季的产品没有卖完。

2. 把回笼率指标加入公司的数据报表中,要能够分析任意一季、品类、波段、价格带、风格系列、款式的当前回笼指标情况,并要培训团队看懂回笼指标。

3. 财务部审批指出有不合理之处的商品计划,商品部调整后需再次报财务部审批。

存货周转率的监管

财务计划中还应加入存货周转率目标,对门店的库存产生销售贡献的情况进行规划和监管。

存货周转率测算

1. 什么是存货周转率

存货周转率又名"库存周转率",是企业一定时期主营业务成本与平均库存成本的比率。它是企业管理的一项重要内容。

上市公司会在公开的年度报告中公布存货周转天数和存货周转率。我们通过查阅企业 2021 年年报数据得知,红蜻蜓的存货周转天数是 140 天,存货周转率是一年 2.57 次;奥康的存货周转天数是 150 天,存货周转率是一年 2.40 次;天创时尚的存货周转天数是 193 天,存货周转率是一年 1.87 次。

存货周转率直接反映资金的周转速度,这个数值越高就表明企业从投入资金到完成销售的时间越短,资金周转速度越快,存货资产变现能力越强。与存货周转率高相对应的是存货周转天数少,存货周转天数少则表明变现能力强。

那么,是不是存货周转率越高越好,存货周转天数越少越好?理论上是这样的,但在实际经营过程中,存货周转率能做到什么水平一定要量力而行。总前委要结合公司的历史数据、供应链策略、运营能力、现金流水平,平衡成本、利润、价格等因素综合评定。

2. 怎么算存货周转率

存货周转率的渠道统计范围:公司整体、渠道、大区、分区、门店、柜组统计指标。

存货周转率的期间统计范围:年度、半年、季度、月统计指标。

存货周转率的计算取值类型:成本额、牌额、数量统计指标。

存货周转率的商品取值范围:所销售全部产品,不要区分新老和季节。

统计公式:

存货周转率 = 当期销售成本 ÷ 当期平均库存成本

平均存货成本 = (期初存货成本 + 期末存货成本)÷ 2

存货周转天数 = 期间天数 ÷ 存货周转率

公式说明:

① 存货周转率公式中销售与存货的计算取值:组货制品牌由买手自行定价,可以按照成本额计算,品牌公司和经销商通常按照牌额计算(当期销售牌额 ÷ 当期存货牌额),一些大众消费品牌也可按照数量计算(当期销售数量 ÷ 当期存货数量)。

② 平均存货也叫平均库存。如果计算全年平均库存,要把经营第一个月的月末库存成本金额和最后一个月的月末库存成本金额相加再除以 2。还有一种计算方法:把 12 个月每个月月末的库存成本金额相加,再除以 12。这种方式适合每月进货额波动较大的公司。有的

国外品牌还会用 13 个月的月末库存成本金额相加再除以 13 来计算平均存货。

计算全年存货周转天数时，以 360 天或 365 天作为期间天数。

案例 5-5

某公司年销售收入 800 万元，销售成本 400 万元，当年年初存货余额 90 万元，年末存货余额 110 万元，则其存货周转率及天数为：

存货周转率 = 400 ÷ [（90 + 110）÷ 2] = 4

存货周转天数 = 360 ÷ 4 = 90

相当于，该企业用平均 100 万元的现金（指的是平均存货）在一年内周转了 4 次，换种说法，就是一年用 100 万元的库存成本赚了 4 次利润。一笔钱被用了 4 次，每一次的周转时间是 90 天。

3. 存货周转率的复盘与预测

存货周转率可以用来衡量公司投入产品、销售、库存各环节的管理状况。产品销售不畅，或者为了销售大量增加存货，都会让存货周转率变低。提升存货周转率可以提高公司的资金使用效率，在财务计划当中，要规划年存货周转率的预期目标，并将该目标分解成渠道、大区、分区、单店的月目标。同时，财务部要对存货周转率进行复盘。扎扎实实地从每个月、每家门店做起，细心总结提炼门店的问题和潜在的规律，才能找到较为有效的改善方法。

具体做法如下：

第一步，建立门店月存销比和周转率统计表。

采集过去 2~3 年每一家门店每个月的存销比和周转率，按照表 5-4 所示的项目维度进行统计，要计算出年周转率。

以表 5-4 中的 7 月为例：

月存销比 = 月初库存牌额 ÷ 月销售牌额 = 1.16

库存可销天数 = 月存销比（牌额）× 30 = 35（小数向上取整）

月周转率 = 月销售牌额 ÷ [（月初库存牌额 + 月末库存牌额）÷ 2] = 1.08

全年周转率 = 月销售牌额 ÷（月末库存牌额 ÷ 12）= 4.97

提炼数据时，要把每个月的销售背景（促销活动、重大事件、天气变化）了解清楚并且备案，把到货情况（早到、晚到、错到、缺货）记录下来，让我们知道数值是在什么环境下产生的，有助于分析和提炼规律。用同样的做法，也可以统计渠道和分区等的数据。

第二步，分析数据，制定周转率、月初和月末库存预期目标。

在表 5-4 的 7 月数据中，周转率达到了 1.08，这是相当高的水平。我们可以按照这个水平，来设置未来一年公司在 7 月的月初库存和月末库存。也就是说，财务部可以从这样的一些数据中，找出高水平数据或低水平数据，在其基础上适当调整，作为预期目标。

存货周转率的影响因素主要有四个：老库存销售缓慢、新品销量低、缺货和到货量过大。要逐月检查销存数据，进行假设：如果四个问题都避免了，这个月的存销比和周转率到底应该是多少？把这些想法记录在门店的月度存销比和周转率预测及改善建议中。

此外，财务部在审批销售团队的销售计划时，也可以使用计划中的数据计算周转率，将其与历史同期周转率对比，看是否合理。

表 5-4　月存销比和周转率统计表

店铺	年份	月份	月初库存数量（件）	月初库存牌额（元）	月初库存成本额（元）	月销售数量（件）	月销售金额（元）	月销售牌额（元）	月销售成本额（元）	月末库存数量（件）	月末库存牌额（元）	月末库存成本额（元）	月存销比	库存可销天数（天）	月周转率（次）	年周转率（次）
三区	某年	1月	8768	6 339 943	3 087 598	1892	1 427 401	1 665 859	792 142	9513	6 915 550	3 349 253	3.81	115	0.25	
		2月	9513	6 915 550	3 349 253	2973	2 033 223	2 575 836	1 218 351	8317	5 654 660	2 740 292	2.68	81	0.41	
		3月	8317	5 654 660	2 740 292	2571	910 240	1 352 530	614 752	4423	2 032 346	878 024	4.18	126	0.35	
		4月	4423	2 032 346	878 024	2643	668 848	789 545	343 546	5652	2 332 763	979 026	2.57	78	0.36	
		5月	5652	2 332 763	979 026	2546	673 399	780 738	340 049	6167	2 455 489	1 029 866	2.99	90	0.33	
		6月	6167	2 455 489	1 029 866	2328	594 110	734 676	311 471	6180	4 232 816	1 878 844	3.34	101	0.22	
		7月	6180	4 232 816	1 878 844	4625	1 500 350	3 639 665	1 506 312	3984	2 490 324	1 020 994	1.16	35	1.08	
		8月	3984	2 490 324	1 020 994	1959	467 813	910 662	366 808	3384	1 114 724	498 747	2.73	82	0.51	
		9月	3384	1 114 724	498 747	3118	871 598	985 974	446 933	5889	2 955 169	1 471 330	1.13	34	0.48	
		10月	5889	2 955 169	1 471 330	3193	1 151 471	1 257 913	603 051	6474	4 041 043	2 067 397	2.35	71	0.36	
		11月	6474	4 041 043	2 067 397	2043	1 182 280	1 228 572	641 119	6221	3 982 130	2 064 156	3.29	99	0.31	
		12月	6221	3 982 130	2 064 156	2220	1 475 342	1 677 176	869 777	6598	4 274 606	2 197 979	2.37	72	0.41	
		合计	74 972	44 546 957	21 065 527	32 111	12 956 075	17 599 146	8 054 311	72 802	42 481 620	20 175 908	2.53	76	0.40	4.97

存销比驱动存货周转率

1. 存销比的概念和计算

存货周转率既可以反映变现能力,也可以反映资金周转速度,因此它很重要,但是这个指标计算的期间较长,等到发现存货周转率变低时已经迟了。较为合理的管理方式是,对存货按照周或日的频率进行分析,这就要用到一个反映当前库存周转状况的指标,我们把它叫作存销比,制鞋企业一般称为库销比。

存销比是指在一个周期内,商品平均库存或当前库存与周期内销量的比值,是用来反映商品即时库存状况的相对数。存销比的计算方式有三种,使用场景不同。

① 门店的月度销售结束,在进行销售总结时会使用平均库存计算存销比,反映本月的库存与实际销量的匹配程度。

存销比 =(月初库存 + 月末库存)÷ 2 ÷ 月总销量

② 公司进行门店库存风险评估,用来预测月初始库存与月销售目标的匹配程度。

存销比 = 月初库存 ÷ 月总销量

③ 预测当前库存按照期间平均销售速度可销售的天数。

存销比 = 当前库存 ÷ 期间平均销量

存销比取值有金额和数量两种,服装公司一般会用吊牌金额,而鞋业公司通常会使用数量计算。

案例 5-6

某家门店，本月销售牌价金额 100 万元，本月初库存牌额 300 万元，月末库存牌额 500 万元，计算存销比。

月初评估风险，按照月初库存计算：存销比 = 300 ÷ 100 = 3

月末总结，按照平均库存计算：存销比 =（300 + 500）÷ 2 ÷ 100 = 4

很明显，该店实现 100 万元的销售目标，月初 3 倍的库存是不够的，需要后续调拨补充，实际上这个月的销售是用 4 倍的库存支撑下来的。

2. 存销比和存货周转率的关系

同样的销售额，存销比越小，月存货周转率就越高，越是产品滞销，库存大，存销比越大，存货周转率就越低。可以这样说，为了实现门店销售目标，把存销比管好，存货周转率才会安全。改善存销比是提升周转率的路径和方法。

公司给门店制定存货周转率考核标准，比如本月存货周转率为 0.5，但是实际上大多数人不知道怎么才能实现这个目标。

商品部用存销比进行门店库存风险分析时，通常是用当前库存和日均销售数据来计算的，反映的是当前库存与销量的比例，存销比越大说明库存可销售天数越多，存销比越小说明库存可销售天数越少。那么，管好门店每周的存销比，就可以有效控制月存货周转率。

对于营运部和商品部来说，财务计划确定了年周转率指标，每个月只能用有限的库存来支撑销售额，而门店存销比就是唯一能用的过程改善指标。因此每周要优化每一个门店每一个品类/波段的存销比，找到影响的主要因素，降低渠道的库存，才能实现财务制定的门店月周转率目标。

编制滚动库存测算表

连锁经营规模越大，投入的资金就越多，失误的风险就越高。公司每个月进多少货合理？每个月的存销比多少更合适？要想既完成门店的业绩目标又不剩过多库存，就要在一开始考虑清楚这些问题。

编制滚动库存测算表（见表5-5），对财务、营运、商品的计划进行拟合，有助于判断明年每个月进多少货，月存销比、月周转率、月销售目标是否有经营风险。

对于这张表的编制，有几个问题需要说明。

① 月初库存牌额是怎么来的？

财务部根据历史数据分析进行存货周转率测算时，提炼渠道每个月月初库存牌额的常规数值做出规划。在表5-5中，7月的13 351 001元库存牌额，是财务规划数值，手工填入。从下一个月起月初库存就开始滚动，它等于上个月的月末库存。

② 业绩预测和平均折扣是怎么来的？

在营运计划中制定了每个月的目标，手工填入即可。

③ 采购成本额和标准定价倍率是怎么来的？

商品计划中制定了采购预算，采购人员进行月采金额分解即可得到此处的月采购成本额。标准定价倍率在采购预算中已有制定。

表 5-5　公司滚动库存测算表

数值来源	取值方式	项目	7月	8月	9月	10月	11月	12月
财务测算	手工填入	月初库存牌额（元）	13 351 001	16 742 147	11 814 891	11 640 630	17 911 756	14 539 907
	公式计算	存销比	2.0	2.7	2.5	2.1	2.4	2.5
	公式计算	月周转率	0.44	0.43	0.40	0.38	0.46	0.43
营运计划	手工填入	业绩预测（元）	4 260 378	3 883 183	3 157 857	3 935 784	4 982 249.29	4 400 000
	手工填入	平均折扣	0.65	0.63	0.68	0.71	0.67	0.75
	公式计算	销售牌额（元）	6 554 428	6 163 783	4 643 907	5 543 358	7 436 193	5 866 667
商品计划	手工填入	采购成本额（元）	4 972 787	618 263	2 234 823	5 907 242	2 032 172	2 163 380
	手工填入	标准定价倍率	2	2	2	2	2	2
	公式计算	进货牌额（元）	9 945 574	1 236 527	4469646	11 814 484	4 064 344	4 326 760
财务测算	公式计算	月末库存牌额（元）	16 742 147	11 814 891	11 640 630	17 911 756	14 539 907	13 000 000

公式说明：
存销比 = 月初库存牌额 ÷ 月销售牌额
月周转率 = 月销售牌额 ÷〔（月初库存牌额 + 月末库存牌额）÷ 2〕
销售牌额 = 月业绩预测 × 月平均折扣
进货牌额 = 采购成本额 × 标准定价倍率
月末库存 = 月初库存 + 采购牌额 - 销售牌额

④ 如何用这张表做调整？

总前委把三个部门的计划合并成滚动库存测算表，这张表可以推演未来一年每个月的采购、销售与库存。现在，结合历年来的月末库存水平，看看计划中的存销比和周转率是否合理。比如我们设定了一个很理想的周转率目标，但是发现跟以前比起来，月末库存低太多了，这么少的货或许难以支撑，这时就要考虑是降低周转率还是增加库存。再如，月度采购额太高，一旦销售额上不去，存销比就会变高，这是我们不能接受的，这时就要调整营运部和商品部的计划。

存货周转率的持续改善

1. 提高存货周转率的三种策略

要提高存货周转率，短期内要做好财务计划，总前委要选对策略。

公司财务计划中制定门店月周转率目标，商品部和营运部每周做好存销比的优化工作，并在每个月月末达到公司的存货周转率要求，财务计划周转率目标就可达到。

总前委可使用三种策略测算公司的周转率目标。

第一种，业绩为王，要市场，求销量，先忽略库存，要多采购款式，数量要够用。在这种策略下，存销比可能会略微上升，但拿到了更多的产品给门店销售，销售额上来了，存货周转率就可能提高。

第二种，降低库存。可以降低一部分低效供应商的采购量，向可以退换产品的供应商采购，还可以降低对买断品的投资。这个策略的主要目的是压低月末库存，但要保证业绩稳定。

第三种，加大平均折扣力度。按照这种策略来操作的话，市场就会呈现非常激烈的状态，所以用大力度的折扣打开市场，争取销量再多一点，业绩不要求增长，能维持稳定就可以了。

2. 打通核心环节，形成快速反应高频迭代

改善存货周转率是一项长期工作。品牌在建设过程中要做积淀，要用货品打动消费者。

你要考虑为什么你的货品存货周转率差，那是因为你的品牌得不到消费者青睐。怎样才能让消费者喜欢？以顾客为中心，用商品标签数据和用户标签数据做驱动，全面打通设计、生产、物流、营销、体

验的核心环节，做到供应全链条数据回流，形成快速反应高频迭代。

（1）设计端

有一款大衣到了门店，导购先对大衣有个评价。上市后，又有顾客对这款大衣给出评价。这是门店的正常情况。可是后台的买手、设计师是什么时候知道前台和消费者对这款大衣的评价的？是通过人来传递还是用先进的技术手段？能不能用数据和信息做驱动，通过线上信息传递系统快速反馈信息，从而加快产品迭代的速度？

快时尚产品要求15天完成一次迭代，超快时尚产品甚至要求3~7天完成一次迭代，让设计师亲自去终端调研需要什么货是很不现实的，所以在设计端要对多个运营平台的数据进行智能分析，捕捉消费者的需求，快速获取信息，提高商品设计的精准度。

（2）生产端

以前设计稿出来之后，要制作样衣，让相关人员评价，设计师再根据评价信息调整设计。现在很多公司都有智能设计系统，不需要做样衣，通过设计软件，在设计稿上贴上面料的贴图，就可以看到它的立体效果。

怎么采集顾客的数据模型呢？用智能测量设备，顾客站在里面5秒钟，设备就能读取他的身体数据，构建消费者体征数据库。

（3）运营端

有的公司有几百上千家门店，铺货、补货、调拨都要人来管。可现在的市场比以前复杂，光凭人脑是无法进行精准运算的。而有的时尚品牌已经实现智能订货，订单通过电脑智能匹配出来，再由人工进行审批，精准度和速度都大为提升。所以，运营端要通过数据支持来促进商品在店铺快速、高效地流通，推进高品质精准营销。

(4) 商品端

对于快时尚品牌而言,每周分析销存数据还做得不够。优秀的品牌公司利用大数据分析,每小时刷新一次商品存销比。他们按照单款、单色、单码向上汇总,形成一个小品类,再向上汇总成一个大类,再依次向上汇总成一盘货、一个店的货,对每一个层级都提前设定存销比标准,每小时刷新一次数据,就能知道存销比的安全状况。

经过长期奋战,我们备货的准确度越来越高,库存也能控制得更好,存货周转率也就变好了。

---| 实践要点 |---

1. 总前委要统计过去每年的存货周转率,找出问题店、问题月,分析问题产生的原因。

2. 结合公司的采销状况和市场策略,制定渠道的年度周转率标准并做分解。

3. 采、商、销、财四大职能部门要协同,找出存货周转率的改善点。

4. 在商品部要建立存销比管理制度,每日每店对每个品类每个单品进行跟踪。

5. 财务部要在财务计划中编制滚动库存测算表,拟合营运计划与商品计划。

6. 公司有了战略目标,并以此定出营运目标和商品目标,再加上财务风险评估和流程监管,整体的年度经营计划就成形了。这时,需要召开年度经营计划发布会,对全员宣讲下一年的经营方向和奋战目标。

第三篇

年度经营计划的
执行调控

第六章

门店业务计划管理

> 双轨业绩目标制定

> 商品销售策略制定

> 顾客销售计划制订

导言 | 用月度业务计划改善门店管理

年度经营计划中的年度目标可按季度、月度的维度分解，人力资源部对销售目标也分为月、季、年三项考核。区内小组如果要全部考核，首先要解决的问题是怎么赋能小组门店，实现月度销售目标？

对于这个问题，通常有以下两种思路：其一，每日跟进门店业绩，与目标差距大了就多要点货，多举行一些促销活动；其二，调整绩效方案，增加提成、奖金、活动奖励，鼓舞大家士气。

实际上，这两种思路从根本上解决不了问题。不少门店都存在管理方式老化失效的问题，表现为：业绩波动大，库存多但销售差；顾客复购差；店员士气低，流失率高。虽然每个人都认为自己已经很努力，该做的活动策划都做了，该做的绩效调整也做了，可结果就是不尽如人意。

以前市场供需两旺，多进点货，多做一些活动，就能对业绩及利润产生正向的推动作用。如今多做活动也很难见到很好的效果，动销差，多进的货品销售不掉就会变成库存，降低门店的存货周转率。

改善门店管理方式，要从制订门店月度业务计划入手，把门店销售目标拆解为可执行的销售任务，精心设计检测方案，找出工作中的缺陷。同时对用户采取分层管理，做到人货匹配、精准营销，从目标到人磨炼导购的专业能力。

我们可以尝试使用门店三位一体目标管理体系（见图6-1）。

第六章 门店业务计划管理

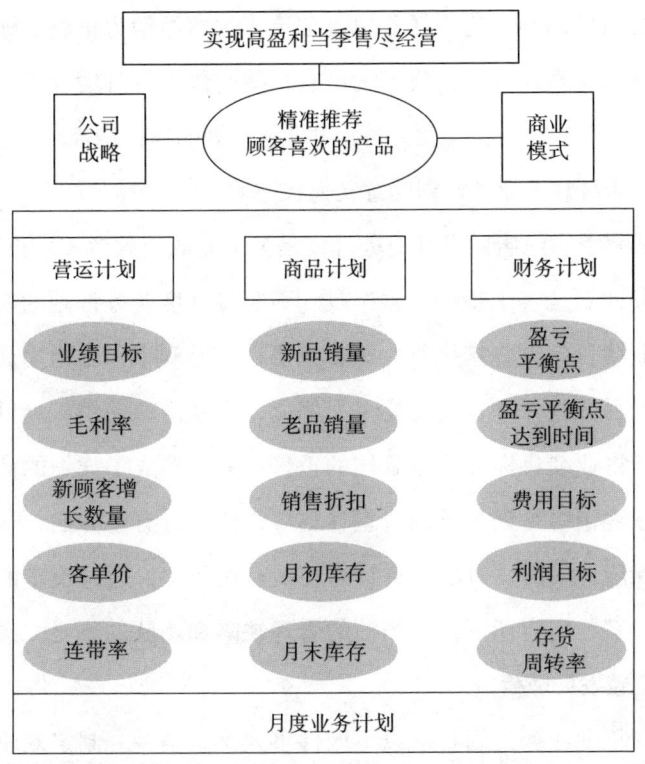

图6-1 三位一体目标管理体系

公司在年度经营计划中依据商业模式和公司战略，制订营运计划、商品计划和财务计划，总前委把区内小组的月度销售目标设定成三个：业绩目标、利润目标和存货周转率目标。对月度销售是否成功的衡量标准变成了三个考核指标，这对门店的销售管理方式提出了高要求：区内小组按照组内门店的差异做目标拆解，让每家店学会控制月销售和库存，精准推荐顾客喜欢的产品，并严格控制费用。

为了促成小组门店每个月的业绩、利润、存货周转率达标，组长要为每家门店规划必须完成的销售任务，包括新顾客增长数量、客单价、连带率、新品和老品销量、月初和月末库存、盈亏平衡点和达到时间、费用目标等，这些任务包含在单店的商品销售策略、顾客销售计划、导购管理计划中，我们把所有这些叫作门店月度业务计划。门店的销售管理方式也相应变为对月度业务计划的执行调控。

门店制订月度业务计划的意义何在？

短期来看，门店做月度业务计划是为了完成绩效考核。长期来看，月度业务计划是一个持续改善工具。不制订月度业务计划的时候，门店拿到业绩目标就直接执行，想着只要稳住毛利率，尽力卖就行，结果是达到目标很费劲，还需要多上好货，多做活动促销。制订月度计划之后，将业绩目标分解成具体的销售任务，形成了详细的商品销售策略、顾客销售计划、导购管理计划等，让执行有了方向，让目标完成有了保障。同时，月度业务计划在执行过程中，通过设定的销售任务检测方案，门店还可以找当前的管理缺陷和团队的不足，进而寻求改善，突破发展障碍。

制订月度业务计划要从以下四件事入手。第一，制定双轨业绩目标，通过业绩目标匹配商品计划（销量目标）。第二，制定商品销售策略，优化商品管理和采购管理，设定门店商品重心，进行商品的精准投放。第三，制订顾客销售计划，锁定顾客，精准营销；对顾客进行分层管理，用不同的营销手段为不同层次的顾客提供服务。第四，制订导购管理计划，用目标驱动导购潜能。

双轨业绩目标制定

如果把门店的销售目标当成一列火车，那么让它飞奔起来离不开两条轨道的同步支撑：由营运部制定的业绩目标是业绩轨道，由商品部制定的商品销量目标是商品轨道，这就叫双轨业绩目标。这两条轨道目标不一致会引发列车运行不稳定，把双轨目标调至一致的过程叫匹配。

双轨业绩目标制定，即是指根据储备库存、顾客消费结构、竞争对手、温度天气、时间等元素做出具体的需求分析，将业绩目标与销量目标进行金额匹配的过程。

业绩目标的滚动调整

1. 门店业绩目标制定流程

门店业绩目标通常有两种形式：固定月度业绩目标和滚动月度业绩目标。

（1）固定月度业绩目标

年初制定好年度目标并分解到月，每家门店按照计划执行，公司在此期间不做任何调整。在市场稳定的情况下，计划落地执行中如果业绩目标不能达到,做一场促销活动就可以达到了,无非是牺牲一点毛利率而已。

(2) 滚动月度业绩目标

当前的市场环境极其复杂,门店应该每个月设定目标和任务,在执行的过程中发现实际情况与业绩目标之间的差距,进而采取有针对性的对策解决问题,让门店的经营状况越来越好。

采用滚动月度业绩目标的方式,年初制定业绩目标并分解后,还要根据每个月的业绩情况滚动调整下个月的目标,调整的时间要固化,比如每月21—25日。

例如:原本制定的业绩目标是1500万元,在流程或货品进行改善后,业绩达到了目标的95%,高于历史水平,这些利好的方面将对公司下个月的业绩产生正向影响,公司就会调高业绩目标。再如,天气突然产生变化,货品销售也将受到影响发生变化,因此公司要提前关注天气的变化情况,及时调整货品及营销方案。

2. 门店滚动业绩目标制定的三个方法

(1) 万能公式业绩推测法

通过销售折扣、利润和费用目标的变化,用万能公式来反推业绩目标。这个方法适合处于成熟期的企业,由财务监管开始发力,把对市场的判断用财务指标进行量化呈现。

(2) 月度业绩占比拆解法

通过企业历年月度业绩占比的分析,加上对未来市场的判断,确定全年业绩目标和月度占比。这个方法适合处于渠道成长期的企业。

（3）业务对策预判法

通过同比、环比分析，对当前业绩走势加以判断，以此制定业绩目标。这个方法适合渠道处于不稳定阶段的企业。

公司要根据门店的生命周期，对不同的门店采用不同的方法，进行滚动业绩目标制定。

3. 区内小组如何形成合力，完成销售目标

公司在制订年度经营计划时，如果组建了三层落地指挥系统，给区内小组设定了月度销售目标，那么此时的工作就是把区内小组的整体目标分解到门店，并滚动调整成为每家门店的月度销售业绩目标、毛利率目标和存货周转率目标。

（1）合理编排区内小组

按照营运计划中使用的渠道地图，我们要把五家门店各自的作用区分清楚（见图6-2）。

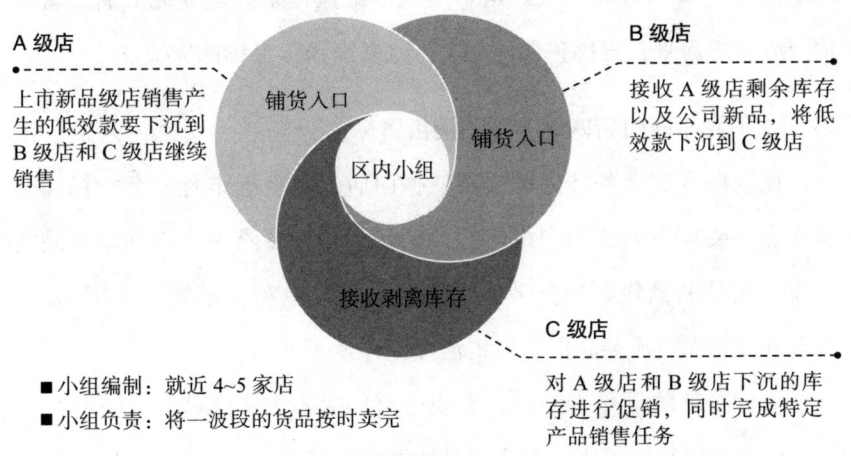

图6-2　区内小组五店营销布局

A级店，上市新品销售产生的低效款要下沉到B级店和C级店继续销售。

B级店，接收A级店剩余库存以及公司新品，将低效款下沉到C级店。

C级店，对A级店和B级店下沉的库存进行促销，同时完成特定产品销售任务。

区内小组编制一般是就近选择五家店，原则上可以是两家A级店、两家B级店和一家C级店，也可以搭配主力店、网络店和促销店。这五家店要联手形成合力，负责将公司配置的一波段的货品按时卖完。组货制品牌的区内小组，新品铺货时会先给A、B级门店销售，出现滞销款后，将滞销剥离库存到C级店进行销售。

在人员配置方面，要从五个店长中找出最精干的人作为小组的组长。在销售管理过程中，小组长有权对五家门店的货品和人员进行调配。还可以在几十名店员中选拔出"商品小帮手""业绩带教员""陈列小帮手"，与组长组成四人小组，形成集商品专员、督导、陈列专员的职能于一线的管理形式。这个四人小组执行系统建立完成后，就要把门店组织起来，发挥整体优势，推进月度销售目标的完成。

（2）为不同门店匹配不同的销售目标

在制订月度业务计划时，要依据门店的角色确定月业绩指标和分解重点。要靠主力店和网络店拉高销量，尤其要靠主力店推动新品的销售，老品的销售则主要放在促销店。提升毛利率不能指望促销店，但提升存货周转率要靠促销店出清降库存。

目标分解的重点不一样，有现金流的店不一定赚钱，真正有利润的店可能反倒是促销店，因为它是能清仓的店。

销量目标的滚动调整

制定月度业绩目标之后，还需要从另外一个角度进行滚动分析，这就是商品的销量目标。门店要想盈利，就必须准确定位商品结构。

在制定销量目标的过程中要明确三个方向：

第一，将新老货品销量目标拆解到月，且按照市场需求变化进行滚动目标的设定，既要有新品销售目标，还要有库存销售目标。

第二，每家门店都要有销量目标，清楚自己每个月卖多少新品、多少库存。门店不仅要对业绩目标负责，还要对销量目标负责。

第三，要根据滚动业绩目标的变化，对采购预算进行相应的调整。尤其在组货制品牌的采购中，如果当前新品销售受阻，就要调整库存上市规划。

具体而言，单家门店在制定月度商品销量目标时，要结合产品生命周期规律，新品用三段六月法制定销量目标，老品采用库存梳理法制定销量目标，要做到新老兼顾。

门店商品销量目标的滚动调整，应考虑如表 6-1 所示的维度，把商品销量目标按照年/季做详细的目标分解预估。之所以要规划门店的月初库存和月末库存，是为了实现存货周转率指标。

表 6-1 门店商品销量目标滚动调整

年/季	销售件数	销售金额	销售占比	销售均价	毛利率	月初库存	月末库存	加价倍率

业绩与销量双轨匹配

制定了业绩目标，还需要将其与商品计划相匹配，使业绩目标与销量目标一致。简单地通过销售金额除以预估销售均价得到的销量目标，实际上是不合理的，因为货品的年季、品类、系列、价格各不相同，甚至差异很大。因此，营销人员需要规划门店要卖哪些品类，用哪些品类撑起 70%~80% 的业绩，还要对新老占比、季节占比、品类占比、重点商品销量目标进行分析。

如表 6-2 所示，商品计划要做得细致，既然要检查缺陷，颗粒度自然越小越好，因此要将商品计划拆解到品类级别。新老货品备货要符合门店的需要，通过存销比管理设定好销售目标与库存之间的关系，根据存销比严格监控门店的库存情况，特别是门店中重点商品的存销比也要符合要求，不能将存货量弄得太大。这样将业绩目标拆成众多可测试的点，对于哪一年、哪个季节、哪个品类、哪个款的销售情况，都要有标准可以查询，对于暴露出来的问题都要有改善措施。

业绩目标匹配商品计划有三层含义：

首先，制订的商品计划需要符合商品生命周期规律。

其次，要评估商品计划的可行性，并根据商品情况、市场竞争环境、天气情况等综合考虑，进行计划迭代。

最后，计划与结果会存在差异，这需要团队进行协作，核心在于找到障碍在哪里——设立的主推品类不对？价格不对？还是人员能力不行？只有通过不断地设立目标进行测试，才能找到问题出现的地方。

表 6-2　业绩目标匹配商品计划

往季商品销售									
商品年份	季节	库存件数	库存牌额	销量目标	折扣	均价	业绩目标	销售牌额	备注
合计									

应季商品销售（季节：　　）									
品类	库存数量	库存牌额	销量目标	均价	折扣	业绩目标	销售牌额	款量需求	存销比	备注
合计									

时间段/周	占比	业绩	数量	本月业绩目标
第一周				
第二周				
第三周				
第四周				
合计				

案例 6-1

如表 6-3 所示，门店 2023 年 1 月的业绩目标 30 万元，但是商品销量目标比业绩目标多出了 39 303 元，怎么办？

销量目标高于业绩目标，可用的策略为：1 月的商品结构重点抓好 2022 年冬、2023 年春的销售，2022 年秋的 24 800 元可当成业绩超额时的补充销量目标。

表 6-3　业绩目标和销量目标匹配差异分析

单位：元

业绩目标		300 000
销量目标	2022 年秋	24 800
	2022 年冬	119 602
	2023 年春	135 031
历史库存		59 870
合计		339 303
业绩目标 VS 销量目标		−39 303

小组对销量目标进行拆解，拆出各季新品的销量目标及库存的销量目标，当销量目标与业绩目标匹配时，会有以下三种情况出现：

① 业绩目标＝销量目标，双轨匹配成功，正常执行。

② 业绩目标＞销量目标，货品预期销量不够，这时要考虑是补单还是调整业绩目标。

③ 业绩目标＜销量目标，货品预期销量过多，调整方向如下：

推荐匹配策略 1：可制定几个月度业绩目标。比如设置基本目标、超越目标、冲刺目标，并匹配相应奖励机制。在案例中，存在 3.9 万元的差距，可以设定两个业绩目标，基本目标 30 万元，超越目标 34 万元，按照基本目标进行考核，达到超越目标可获额外奖励。但如果目标差异过大，就需要通过营销策略调整销量目标。

推荐匹配策略 2：对季节产品销售占比做取舍。比如，每年 7 月，春季产品已经过季，门店业绩贡献低，折扣高，可选择舍春季出清保秋季新品销售的做法，等秋季产品开始折扣促销的时候，再把春季过季库存拿出来一起销售。

大多数团队在进行业绩目标与销量目标匹配时都会遇到销量目标

超出业绩目标的情况，这是正常现象，因为商品部是按照商品生命周期和库存归零原则来制订商品计划的。在商品部眼中，货品能卖多长时间是有规定的，一季货品销售期可以是 6 个月、9 个月、12 个月，甚至是 18 个月；当前服装圈中最新的标准是一季货品只有 6 个月的销售时间，这是商品部的理性原则。但营销是个变动的过程，市场是不断变化的，消费者的购买情况也是不固定的。因此，理性的结构分析与市场变化、消费者购买存在差异是正常的，关键是要尽量找到三方的一致点。

第一，记住季节交替期的库存压力问题。例如，当前是 12 月，秋装的销售并不是特别理想，但是秋装有些款在来年 1 月还能继续销售，所以在 1 月可能要把秋装和冬装一起推进，而把春装上市稍微延后。

第二，随时关注气温的变化，根据气温的变化调整货品结构。

第三，考虑每季产品的 KPI 压力，在整个销售过程中有四大战术——百日回笼大战、高峰前移、重心塑造和季末收尾总攻，战术的核心就是要拉高每季产品的售罄率。在不同的时期采用不同的方法，一定要随时关注四个指标：售罄率、毛利率、回笼率和产品的库龄。

---------------------------------| 实践要点 |---------------------------------

1. 给区内小组门店的业绩目标要分解到周，重要的节假日要定销售目标，包括销售金额、毛利率和新老库存销售任务。

2. 每家门店的商品定位不同，商品部要提前沟通其产品的搭配，探讨可行性。

3. 区内选出的"商品小帮手"要与分区商品专员对接，"业绩带教员"和"陈列小帮手"要与分区督导对接，组长要与店长委员会对接。

商品销售策略制定

每个月的 21—25 日，门店要承上启下制定下个月的商品销售策略，找到门店月度销售推广重心，锁定每月销售占比 70%~80% 的核心商品，对商品结构进行规划，包括品类结构、价格结构和主打产品。

品类结构的销售重心

每个月 21—25 日，要通过月会将门店的月度业务计划落实下去。在月会中，要结合当月畅销品、历史同期畅销品，以及历史中下个月的畅销品等数据，多番论证，找到门店下个月的商品销售重心。因为本月销售好的品类不一定是下个月的销售主力，所以还要通过数据规律和商品生命周期去分析。

公司的产品一般会划分大类和中类，有的为了分析得更加精细还要划分小类。分析销售重心的历史数据，要用同店同期的销售数据，并按照表 6-4 所示的维度进行统计。根据表 6-4 的销售牌额数据，能清楚看出当前销售的五大主力品类：衬衫、外套、毛衫、裤子和连衣裙。

要通过同商品生命周期图谱进行对比分析，看当季品类销售占比与历史数据相比是否存在异常。如果有异常，则要进一步分析导致异常产生的是大类、中类还是小类。如果没有异常，则要通过历史生命周期，看主力品类在下个月的转化方向：增长、持平或下降（衰退）。

表 6-4 品类结构销售重心分析

款式季节	款式大类	款式小类	销量	销售牌额（万元）	销售牌额占比	毛利额（万元）	毛利率	折扣	销SKU	存SKU	销牌均价（元）	配货均价（元）	均价均差（元）
春	上装	衬衫	200	33.88	18.27%	13.40	49.7%	80%	19	11	1694	1752	58
		外套	141	32.89	17.73%	12.27	48.3%	77%	12	8	2332	2358	26
		毛衫	94	24.83	13.39%	8.85	47.1%	76%	13	6	2642	2574	-68
		针织衫	189	19.91	10.74%	7.80	49.5%	79%	10	9	1053	1050	-4
		风衣	21	8.44	4.55%	3.57	51.4%	82%	3	2	4018	4482	464
		大衣	8	3.76	2.03%	1.43	48.7%	78%	2	1	4699	4799	100
		羽绒服	2	0.52	0.28%	0.26	55.6%	90%	2	0	2599	2599	0
	上装汇总		655	124.22	66.98%	47.58	48.9%	78%	61	37	1897	1916	19
	下装	裤子	198	25.09	13.53%	9.09	47.5%	76%	16	15	1267	1267	0
		裙子	19	3.13	1.69%	1.12	47.2%	76%	5	3	1646	1704	58
	下装汇总		217	28.22	15.22%	10.20	47.5%	76%	21	18	1300	1318	18
	连体	连衣裙	110	33.02	17.80%	12.64	48.9%	78%	15	7	3002	3219	217
	连体汇总		110	33.02	17.80%	12.64	48.9%	78%	15	7	3002	3219	217
汇总			982	185.46	100%	70.42	48.7%	78%	97	62	1889	1912	24

注：配货均价＝门店配货牌额÷配货数量

然后通过本月的销售情况，决定做出怎么样的调整以保证销量目标完成。同时要思考五大品类在下个月的发展方向和配置的基本比例，通过数据分析，按照SKU对门店进行配置，并关注门店的价格配置和价格差异，不能让价格配置太偏。

当前很多公司对每个月的销售思考维度单一，没有进行深度的历史同期分析，不按生命周期规律判定品类的发展方向，不思考下个月的主力品类是什么、品类占比要如何设置、销售占比是多大、销售业绩是多少、货量应该如何配置等一系列问题，如此下去，门店的产品只会与市场需求相去甚远。

价格结构的销售重心

在门店的品类销售数据中，要找到每个品类的天花板价格和地板价格。天花板价格是品类最贵的价格，地板价格是品类最便宜的价格。对于高价格的畅销品，要分析其特征，找到是否有可延续到下个月的特征，如果有，要延续下去。比如增加款量，或者加些更高价格的产品。对于低价畅销款，也要分析其特征，进行规划。

还要找到品类的核心价格点，也就是找到销售量多的价格。这是品类销售的主力价格，要着力进行储备和营销推广设计。这样营销才能围绕价格体系展开，推动门店业绩多点爆发，高、中、低价格全面覆盖消费者。

表6-5是品类价格销售重心分析示例。

公司要在战略层面进行思考，产品的价格是需要向上延伸还是向下延伸，找到品类的核心价格，做好门店的价格配置。

表 6-5 品类价格销售重心分析

款式季节	款式大类	款式小类	价格带（元）	牌额（元）	销量（件）	销售牌额（万元）	销售牌额占比	毛利额（万元）	毛利率	折扣	销 SKU	存 SKU
春	上装	衬衫	1000~1999	1099	43	4.97	14.66%	2.00	50.1%	80%	2	1
				1199	11	1.32	3.89%	0.42	44.1%	72%	1	0
				1299	46	6.64	19.59%	2.51	48.6%	78%	5	3
				1499	25	3.90	11.50%	1.63	51.2%	82%	2	0
				1599	12	1.92	5.66%	0.41	34.8%	61%	2	2
				1699	16	2.72	8.02%	0.85	44.0%	71%	1	1
				1899	8	1.52	4.48%	0.73	54.7%	88%	1	1
				1999	7	1.40	4.13%	0.53	48.8%	78%	1	1
			2000~2999	2199	1	0.22	0.65%	0.11	55.6%	90%	1	1
				2399	10	2.60	7.67%	1.15	52.5%	84%	1	0
				2999	18	5.40	15.93%	2.52	53.8%	87%	1	1
			>4000	4299	3	1.29	3.81%	0.53	50.6%	81%	1	0
衬衫汇总					200	33.88	100%	13.40	49.7%	80%	19	11

品类主打产品的选择

设定品类主打产品，就是确定主打款特征（见表 6-6）。

在每个月销售结束的时候，要进行月度复盘，分析出畅销因素和滞销因素，基于现在的流行元素，讨论下个月要采购哪些产品，不再采购哪些产品。

如果是组货制，那就要确定下个月要采购有哪些元素的产品，包括款式、面料、色彩、工艺、细节和版型，并分析当地消费者对这些产品的接受程度。公司的买手最好参与复盘。

复盘工作除了分析自家的产品，还要关注竞品的动态，看竞品有哪些产品销售得好，具备了哪些因素，是否可以进行借鉴。

表 6-6 品类主打产品分析

项目	波段	款式	面料	色彩	工艺	细节	版型
流行元素							
消费者习惯：畅销因素							
消费者习惯：滞销因素							
选择结果							

通过品类结构重心、品类价格重心和品类主打款特征的分析，找到下个月销售贡献 70%~80% 的商品。其间要注意三点：

首先，品类占比要细化到门店，如果暂时做不到，那就一定要在渠道中将品类占比分出来，找到品类的销售重心。

其次，价格即营销，之前在分析过程中，我们只关注了销量、顾客，但是没有对品类的核心价格进行营销保护和营销促进，今后要将一个品类中最好卖的价格分析出来，同时不断完善产品的价格体系。

最后，要抓住品类的主打款，找到主打款的特征。主打款可以是延续款，可以是订量大的产品，也可以是买手确定好的主打款。

门店商品规划确认会

每月 21—25 日要召开小组门店的商品规划确认会。在确认会上要确定业绩与商品目标双轨匹配方案，做好四件事情（见图 6-3）。

门店主打品类结构	品类投放宽度修正
1. 根据品类生命周期、销售动向分析 2. 假设每个品类销售金额和储备数量 3. 参考环境气候预测与竞争品牌情况	1. 检查小类的销售贡献、公司的储备 2. 增加和删除部分小类、颜色、价格 3. 市场反馈好的重点品类要突出配置

商　品　策　略

品类主打价格结构	单品储备深度修正
1. 检查各价格带毛利贡献、公司的储备 2. 确定品类主价格段，识别中心价格点 3. 拉宽或收窄价格带，强化竞争的优势	1. 预估下个月的 TOP1-20 畅销款清单 2. 调整平销款和滞销款的颜色和尺码 3. 各门店需出清款的清单和推广准备

图 6-3　门店商品规划确认会

第一，确定门店主打品类结构，一定要防止爆仓。

第二，确定品类主打价格结构，严防价格卖偏，好卖的价格款量太少或者深度不够，不好卖的价格款店铺配置太多。

第三，品类投放宽度修正，防止门店浪费，有些小类门店不好卖，要看看它们的款式细节，是否可以放到线上渠道，不要浪费陈列空间和货品资源。

第四，单品储备深度修正，防止库存积压。

建议将门店商品确认会定为一个重要的业务流程。优衣库就每个月都在做，甚至还在其库房中设立样板间，并根据面积的不同设置了三个级别的标准店，将货品放在样板间中陈列。将整个 VMD（视觉营销）放进去，让顾客评价，确定下个月的门店货品结构和 TOP 款。

在重点款的深度问题上，需要预判下个月的销量，然后根据存销比进行备货，同时要对周库存进行监控，预判这款货可以销售的天数。

-------| 实践要点 |-------

1. 门店销售重心分析的数据准备：本月销售重心统计、历史同期同店本月销售重心统计、历史同期同店的下月销售重心统计、历史同期同店本月和下月的商品生命周期规律。

2. 品类主打产品要分波段设定，包括主打款、主打色和主打价，设计细节（领型、袖型、腰型、衣长和门襟）要有选择。

3. 门店的月度主力品类要设定销量目标，主打款要有销量目标、搭配方案、陈列方案和销售推广方案。

4. 公司商品部下派的任务款（不能剩，不能退仓）要有销量目标和促销方案。

顾客销售计划制订

搭建用户标签体系

近些年，市场发生了翻天覆地的变化。以前是一款货可以卖很多件，也容易产生爆款，顾客的个性化需求不明显，而现在顾客的选择变多了，大家都想与其他人不同。当前顾客购物多是左挑右选，线上线下，横向对比；购买次数减少，但是对于品质的要求更高，而且只挑选自己喜欢的商品，对于不喜欢的货品可能白送都不愿意要。

门店要想有好业绩，就要通过一年的用户行为偏好数据（见图6-4），认真了解区内的消费者，不要再觉得管理顾客只是登记电话号码、姓名和年龄这么简单。

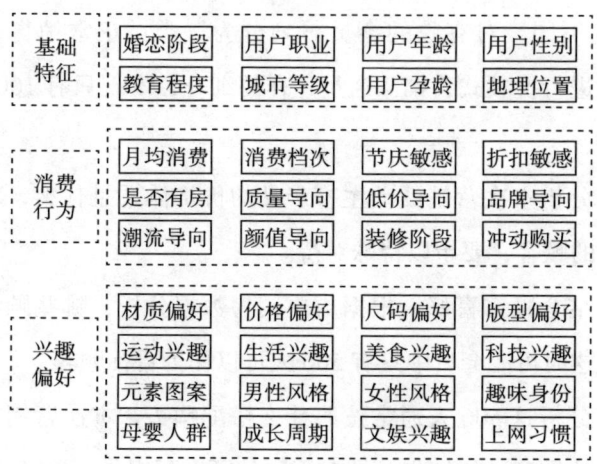

图6-4 用户行为偏好数据识别

每个顾客都希望门店视自己为独立的个体，想要获得放心的个人专属服务。店员要像猎人对待猎物一样具有观察力，了解核心顾客是谁，他们的购买动机和期望是什么。对门店而言，能推动业绩提升的有效方法就是对用户进行精准的分层，针对不同的顾客采用不同的营销策略。

搭建用户标签体系，做好用户的分层工作，有两种方法。其一是用 CRM 客户管理系统的内置标签。其二是进行个性化 CRM 客户管理系统定制，设计属于自己公司的标签分类，将标签细致化。这需要高昂的开发费用，适合已经有一定规模的公司。

完善的用户标签体系最直接的作用就是推动个性化服务的发展。

例如，企业有 1 万名会员，当前想策划一场营销活动，如果只是简单地群发信息，很难收到好的效果。那应该如何进行呢？结合用户标签做分析。

首先，对会员进行分析，区分哪些会员是有效的，哪些会员已经流失。至于如何判定会员是否流失，可以以顾客多久没来购物为标准，可以是一季，也可以是 6 个月，每家公司经营情况不同，所以设立的标准也不同。对有效的会员再划分为三类：正常销售、有流失风险、需要进行挽救式营销。通过这样的细分，发现只有 1000 个会员可用。

其次，分析本次营销活动主打产品的价格体系是什么，对那些对于价格敏感的顾客，要予以特殊对待。

再次，结合顾客喜好，根据历史销售数据分析，哪些顾客会购买主打品类。这时可能会员中只有 500 人可以作为目标顾客。

复次，分析这 500 人通常按照什么搭配购买，本次营销方案应该按照什么样的搭配进行销售，针对不同的顾客要提供不同的搭配方案。

到了这一步，目标顾客数量可能只有 300 人了。

最后，通过什么样的方式通知顾客，打电话还是发微信，由谁来通知，这些都需要进行个性化设计。同时，线上推送也不再一样，针对销售方案，后台推送人员会要求销售提供本次目标顾客的用户画像（年龄、喜好、消费习惯等标签的组合），据此进行精准推送。

RFM 价值模型分析

将用户信息收集上来之后，要采用 RFM 价值模型分析工具，一是分析用户价值，做好预防性行动方案，防止顾客流失；二是看清用户偏好，测试其对价格的敏感度。

如何判断顾客是否流失？不同企业有不同的评判标准。对于高端女装，顾客一年不购买就是流失，6 个月不购买就是轻度流失。对于大众品牌，可能顾客两季没来就算是流失了。

RFM 价值模型通过三个要素指标描述用户的价值情况：最近一次消费时间（Recency）、消费频率（Frequency）和消费金额（Monetary）。这三个指标将用户分成八个价值级别（见图 6-5）。这个分层是精准化服务的关键点。

怎样通过建立数据源，结合 RFM 模型对用户进行分层呢？

第一步，活跃度分层：可以按照表 6-7 的格式建立数据源（取一年的数据），再根据顾客最后一次消费距当前的天数情况，建立活跃度分层标准。例如：

最后一次消费距离当前 90 天以内的顾客，为高活跃顾客；

最后一次消费距离当前 91~180 天的顾客，为中活跃顾客；

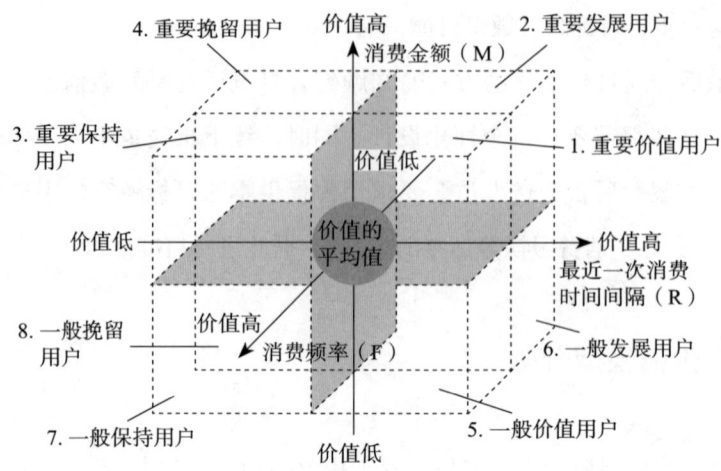

图 6-5 RFM 价值模型分析

最后一次消费距离当前 181~365 天的顾客，为低活跃顾客。

第二步，忠诚度分层：按照表 6-7 的格式建立数据源，再根据顾客全年的到场消费频率数据情况，建立忠诚度分层标准。例如：

一年内到场消费 4 次以上的顾客，为高忠诚度顾客；

一年内到场消费 2~3 次的顾客，为中忠诚度顾客；

一年内到场消费 1 次的顾客，为低忠诚度顾客。

第三步，贡献度分层：按照表 6-7 的格式建立数据源，再根据顾客全年的消费金额做降序排名，建立贡献度分层标准。例如：

销售金额占比前 30% 的顾客，为高贡献度顾客；

销售金额占比中 40% 的顾客，为中贡献度顾客；

销售金额占比后 30% 的顾客，为低贡献度顾客。

根据上述分类，最终形成如表 6-8 所示的年度用户价值分层表。

表 6-7 用户价值数据源表

VIP卡号	姓名	数量（件）	贡献度/实收总额（元）	牌额（元）	件单价（元）	销牌均价（元）	毛利额（元）	折扣	毛利率	忠诚度/消费次数	单次均消费金额（元）	活跃度/最后一次消费距当前天数
A00001	A	179	37 261	56 967	208	318	11 049	65%	29.7%	7	5323	23
A00002	B	83	34 230	42 982	412	518	14 994	80%	43.8%	9	3803	21
A00003	C	24	13 407	16 974	559	707	4692	79%	35.0%	7	1915	16
A00004	D	31	13 172	19 508	425	629	3913	68%	29.7%	4	3293	44
A00005	E	32	10 891	15 710	340	491	3726	69%	34.2%	8	1361	27
A00006	F	15	9290	19 238	619	1283	1472	48%	15.8%	6	1548	55
A00007	G	21	9191	12 449	438	593	3238	74%	35.2%	7	1313	22
A00008	H	28	8877	11 972	317	428	2711	74%	30.5%	6	1479	28
A00009	I	36	8220	10 444	228	290	3119	79%	37.9%	8	1027	38
A00010	J	9	8034	13 991	893	1555	898	57%	11.2%	2	4017	102
A00011	K	19	7579	11 481	399	604	1839	66%	24.3%	2	3790	30
A00012	L	28	7209	10 111	257	361	2044	71%	28.4%	7	1030	28
A00013	M	12	7199	9319	600	777	3139	77%	43.6%	2	3599	128
A00014	N	18	7135	9882	396	549	2107	72%	29.5%	4	1784	35
A00015	O	35	7100	10 305	203	297	2100	69%	29.6%	9	789	37
A00016	P	24	7086	16 076	295	670	−952	0.44	−13.4%	3	2362	80

表 6-8 年度用户价值分层表

用户分类	R	F	M	精准化服务
重要价值客户	高/中	高/中	高/中	优质客户，重点服务
重要发展客户	高/中	低	高/中	需重点维持
重要保持客户	低	高/中	高/中	需唤醒召回
重要挽留客户	低	低	高/中	需挽留
一般价值客户	高/中	高/中	低	需要挖掘
一般发展客户	高/中	低	低	新用户，有推广价值
一般保持客户	低	高/中	低	贡献不大，一般维持
一般挽留客户	低	低	低	即将流失用户

在表 6-7 中，A 顾客最近购买过，在区间时间内购买次数是 7 次，单次购买金额是 5323 元，这个数据在所有顾客中都是比较好的，这是一个有价值的客户，而且是重要价值客户。针对这样的顾客，就需要提供重点服务，将其喜好研究透彻，平时的穿衣风格、喜欢什么时间到店、主要购买哪些品类，都要进行具象化。在采购的时候，一定要给高价值客户提供独立的订货方案，每个月也要根据客户情况设计其销售计划。对于中高端女装品牌，每个月 40% 的业绩额都来自这些高价值客户，所以针对这一级别的顾客要做出详细的方案。

再看表中 D 顾客，其消费次数比较少，消费金额中等，最后一次消费的时间还挺近的，这是一个可以发展的客户，根据其消费喜好，可以提高单次消费的金额，或者是增加其购买频率。

门店要对超过规定时间没有再次购物的消费者实行激活，内容包括寄送礼物、电话回访、提醒活动、给予折扣（生日），门店内部也要针对某些级别的 VIP 超期无购买进行突破口检讨，包括最后一次购买场景还原、检查消费者喜好信息、主管致电回访。

所以，什么是精准营销？实际就是企业要将用户进行分层，对不同级别的用户采取不同的营销方案。

用户拉新与复购策划

顾客跟商品一样是有生命周期的，其可以维系的时间主要取决于企业对顾客喜好的了解和营销动作的安排，因此企业需要制订顾客销售计划。

下面以 VIP 顾客为例，列举顾客销售计划的主要内容。

① 按 VIP 等级进行分析。根据不同等级排名，分析 VIP 顾客本年消费金额、消费数量、消费次数、消费折扣、消费均价、平均单次消费金额和最近消费时间。

② 列出下月 VIP 沟通名单。针对 VIP 顾客进行搭配方案、销售目标的锁定。

③ 给下月生日的 VIP 顾客发送生日优惠方案。

④ 下月新增 VIP 目标。

⑤ 下月是否有 VIP 唤醒动作。

⑥ 下月是否有 VIP 活动计划。

对不同 VIP 等级的顾客，销售计划的内容也不同，如表 6-9 所示。

要根据顾客所处生命周期的阶段设计不同的打法。如果这些没有做好，顾客就会提前进入衰退期，甚至流失。我们要做的就是尽量减少顾客流失，让首次购买的顾客进行复购，进而延长其成熟期。

总前委要设定休眠客户与流失客户判断标准，有些公司会将 366~730 天未购买顾客定义为休眠客户，730 天以上未购买顾客定义为流失客户。要对这两种客户中的历史高贡献、中贡献、低贡献客户分别做唤醒计划（见表 6-10）。

表 6-9 顾客销售计划模板

用户分类	人数	销售计划	复购率	目标毛利率	特殊产品策略
重要价值客户 （高活跃、高频率、高贡献）		1. 指定专属着装顾问 2. 生日专属服务 3. 专属 VIP 回馈计划			
重要发展客户 （高活跃、低频率、高贡献）		1. 指定专属着装顾问 2. 生日专属服务 3. 专属 VIP 回馈计划			
重要保持客户 （低活跃、高频率、高贡献）		精准营销活动			
重要挽留客户 （低活跃、低频率、高贡献）		设计关键节点活动 一对一沟通 一对一促销			
一般价值客户 （高活跃、低频率、低贡献）		一对一沟通，做用户画像			
一般发展客户 （低活跃、高频率、低贡献）		维持、日常活动通知			
一般挽留客户 （低活跃、低频率、低贡献）		维持、日常活动通知			

表 6-10 未购买顾客唤醒计划模板

用户分类	人数	历史贡献度	唤醒计划
休眠客户		高	营销节点、生日唤醒计划 一对一沟通、获知流失原因
		中	营销节点、生日唤醒计划 一对一沟通、获知流失原因
		低	冻结或营销活动普通告之
流失客户		高	营销节点、生日唤醒计划 一对一沟通、获知流失原因
		中	营销活动普通告之
		低	冻结或营销活动普通告之

要想提高复购率，就要在服务上下足功夫，让顾客下次还想来。所谓服务，就是获得顾客信任的一连串行动过程。从顾客的角度看服务，每次购物体验是唯一的，你要用精心设计的服务流程，让顾客感到自己很重要，他才会复购，甚至带来新客流。

好的方法是进行线上线下全局的营销布局，通过数字化营销将有购买意愿的人吸引进来，并且维持住长期的亲密关系。私域运营做得比较好的企业，每个月都有拉新与复购的策划。它们有专门的方法吸引顾客进群，叫作福利引流群，然后会对新进群的顾客设计首单拉动活动，对老顾客设计会员福利活动，同时有线上积分商城，顾客可用积分兑换商品。所有活动都紧贴顾客的层级及生命周期。

---------------- 实践要点 ----------------

1. 中高端品牌可以把顾客分为价格导向型、产品导向型、质量导向型、服务导向型。价格导向型顾客对价格敏感，产品导向型顾客对款式设计敏感，质量导向型顾客对质量敏感，服务导向型顾客则对服务种类和服务响应时间有更高的要求。

2. 要搭建客户触达矩阵，这样才能联结人和货。

3. 在建立客户标签之后，要按照营销需要对用户进行分群，便于进行精准营销。

4. 制定每个月的客户营销方案，要有拉新方案与老顾客回购方案。

5. 要设定公共服务内容，包括寄送礼物、委托服务、照顾小孩、照顾宠物、收发快递等，需确定顾客享受各类服务的门槛标准。

6. 要设定专属服务内容，包括商品保管、预约购物服务、私人商品展示、上门衣柜设计、生活形象顾问、代购服务等，需确定顾客享受各类服务的门槛标准。

7. 对顾客分级的指标包括：购买数量、购买金额、毛利额、折扣、消费次数、到场次数等。

8. 对顾客的消费记录进行趋势分析，维度包括价位段重心、品类重心、色码偏好等。

导购管理计划制订

门店绩效达成，决定因素在于用专业的人把事做好。线下门店讲究一对一推广，线上直播讲究一对多推广，导购能力提升做得不好，就会妨碍目标的执行落地，因此要制订导购管理计划，把人用好。

改善门店绩效的决胜要素

通常情况下，当门店业绩额减少时，企业会要求导购通过培训掌握更多的服务技巧，以确保成交率。但是技巧学了，到店顾客却寥寥无几，导购的技巧无用武之地。

实际上，要改善门店绩效，需要系统化的思维，首先要了解绩效改善的六个决胜要素。

第一，门店交易数量。购买的顾客数量减少降低了业绩水平，通常做法是提高服务技巧，确保成交率。

第二，门店交易平均金额。购买大单的顾客减少降低了业绩水平，通常做法是改进大单销售激励机制。

第三，门店被访问次数。到店的顾客减少而成交率没提高，降低了业绩水平，通常的做法是设法吸引顾客光临。

第四，门店购买数量。顾客购买的件数少降低了业绩水平，通常做法是提升成交率。

第五，门店顾客访问间隔。顾客的到店间隔变大减少了访问次数，通常做法是提升品牌策划推广水平。

第六，门店顾客停留时间。顾客到店转一下就离开，降低了交易数量，通常做法是提升导购拦截能力。

每月导购能力复盘

很多老板都认为员工缺乏能力，所以组织员工参加培训，提升技能水平，但实际上当前很多员工能力是很强的。而导购往往需要能力和意愿兼备才能做出好成绩。

企业要通过表6-11所示的能力分析找到导购在本月工作中的问题。发现问题之后，要对比其历史的销售数据，看这项指标是一直都差还是只有这个月差了些。如果是一直很差，那可能是能力有待提高；如果发现导购之前可以做得很好，只是最近才出现问题，那往往就可能是导购的意愿问题。

表6-11 导购销售能力分析表

总单数	销售数量	实收额（元）	连带率	客单价（元）	件单价（元）	VIP实收额占比	VIP实收额（元）

自驱型导购绩效提升

如何才能让导购自愿改善工作，实现突破性的发展？我们可以借鉴丰田汽车公司对员工个人气质的要求：谦虚、隐忍和忠诚。

一个人不谦虚，就很难看到自己的缺点，不知道自己的劣势在哪里，这样会一直得不到改善，也就没有办法进步。

如何让导购更加谦虚呢？需要让导购认识到工作的意义是什么，给他方向感。要让导购意识到工作不是为了给公司赚钱，而是为自己而战，工作是为了创作一幅美好的作品——每个月的业绩能让生活有保障，家人更幸福。因此企业要进行文化的管理建设，让员工为自己而活，为自己而奋斗，提高员工的积极性。要让每个导购都成为会思考的人生规划师。这样导购就会认真去完成目标，会发自内心地去思考该如何服务好顾客。

如何才能做出自己的风采？每个导购都有自己的特长，有的连带做得好，那就不要求件单价，有的适合销售靴子，就不要非得卖布鞋，将自己的优势发挥出来就好了，不需要面面俱到。

如果企业在设立目标的时候，每个人都说达不到，那目标肯定无法达到。因此在企业中，每个导购都要忠于自己的使命，忠于自己的职责，将正能量传递出去。

导购的绩效提升一定要依赖于使命驱动，企业要培养会自行思考、自主改善的人才。企业给门店下达目标，在执行过程中，单靠后台管理是不可能做到让每个人都及时跟进的。赋能就是让每个人都能自行思考、改善，自主地完成任务。

---- 实践要点 ----

1. 门店店长定期检查导购对顾客的熟悉程度，要求每个导购都能熟练背诵30~50个顾客的信息（有条件的可以提供顾客照片进行识别演练）。

2. 实施导购日业绩记录管理，区分每天每个导购的成交单数、成交单量、成交金额、成交折扣、连带率，找到各人的业绩短板，然后由指导分区的组长对每个导购进行有针对性的技能训练。

3. 每个导购都要有个人业绩指标和每月成长指标。个人业绩指标以销售金额为主，每月成长指标以连带率为主，有时还会用客单价做辅助，特别情况下会用销售件数和成交单数做促销考核。

4. 店长要依据导购的历史同期销售数据，结合当前情况规划导购月度主推品类。

5. 区内四人小组可在导购数据分析平台中看到每个导购销售指标的实时进展，要对比落后导购的个人目标，分析问题，找到合适的行动方案，改善业绩。

第七章

全年 52 周业务管理

> 做好每周的经营复盘

> 每周会议的内容设置

> 用结构化思维解决问题

导言丨以周为单位进行精细化管理

年度经营计划开始执行后，每家店都有详细的月度业务计划，并设定了业绩目标、利润目标和存货周转率目标三个考核指标。此时，大家最关心的问题是：怎么才能让目标完成？

对于这个问题，大家通常的思路是：每周在一起开个周会，汇总一下新发现的问题。大家解决不了的问题，会后及时向上级反馈，等待公司高层拿出对策。

这种管理方式体现出的实际情况是：开周会的时候大家都在念数据，不做经营复盘，分析问题不全面；发现问题没对策，等待别人给方法；会后也没有布置行动。不难看出，这样的管理方式是失效的。这么干不仅发现问题晚，解决问题也慢。而且现在市场环境复杂，消费者喜好变化快，企业找不到真问题，就会造成决策落点不准，努力白费，对团队绩效十分不利。

现在也有一些企业发现了周会的弊端：第一，每天公司群发业绩战报，但业绩不好的店始终不好，没有奇迹发生；第二，周周都有老生常谈的问题，如滞销款卖不掉、新增VIP少、没有流量，却始终得不到解决；第三，部门协同不畅，要么重复汇报信息，要么出了问题相互推诿，如货品调不动、好货不够。

老化失效的每周业务管理方式致使门店销售目标完成步履维艰，我们应该突破旧观念，实施以周为单元的精细化管理。每周根据顾客需要设定一个销售主题，边销售边调整，从以前每个月做营销决策变成每周做营销决策，形成以顾客为中心的快速反应。

在经营中有四条管理主线——战略目标主线、营运目标主线、商品目标主线和财务目标主线，涉及的关键指标有七个——业绩、毛利率、新老销量、折扣率、费用、利润和存货周转率。对于这四条主线七个指标，每周都需要总前委做数字跟踪和商业决策。采用52周业务管理方式（见图7-1），对公司的年度经营目标以周为单位进行管理，就可以及早发现问题，修正问题。

52周业务管理方式，是基于行业竞争环境以及行业订、补、迭快反特点设计的销售管理方式。

当前市场竞争环境复杂多变，销售管理方式要满足行业的特点，缩短目标管理的周期，养成快速反应的能力。以前都是制定月目标，月底检测业绩，但现在市场变化快，每周都要进行监测，每周都要考虑商品是否能满足顾客的需求。

以前制定月度目标是用大炮打目标，也就是将角度调整好，一炮打出去，至于结果就得看开始瞄准的准确程度，中间是不进行调整的。当前制定目标是用导弹打目标，是随时可以进行调整的，当消费者喜好转变，就及时转变去迎合。这就要求每周都要紧盯消费者的变化，按照消费者喜欢的产品每周做商品的订、补、迭。同时，以周为单位策划营销方案，让消费者每周都能感受到不同产品的刺激和门店新的变化。

以前每个月制定目标，执行时后台只能等结果，由于信息不对称，不能在过程中提供有效的商业对策，往往只能被动接受不好的结果。现在采用快反模式来建立经营系统，把每周发现的问题提交总前委进行沟通评估，看是否要调整方式，让下一周的营销做得更好。

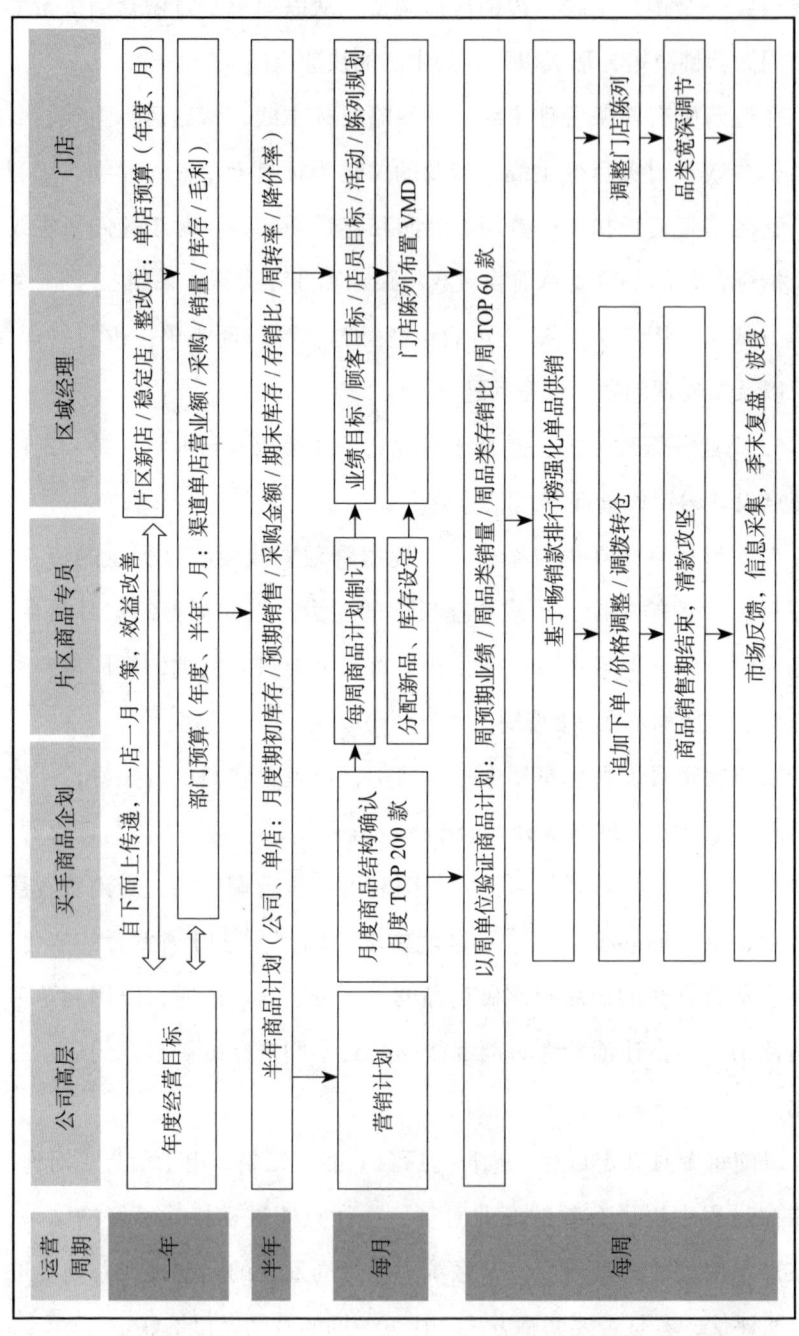

图 7-1 全年 52 周业务管理

每周的销售要解决的核心问题都是：如何满足客户的需求，进而提升企业业绩水平？这就需要琢磨顾客喜欢什么，要设计哪些营销活动让顾客保持黏性。现在可以每周进行分析，商量对策，提出假设，进行市场验证，紧盯市场反馈，及时进行修正。这就是52周业务管理方式的精髓所在。

实行52周业务管理方式，要从三件事入手：第一，做好每周的经营复盘；第二，设置好每周会议的内容；第三，用结构化思维提升解决问题的能力。

做好每周的经营复盘

全年 52 周业务管理，要求每周必须设计一个营销主题。在设计营销主题前，要进行每周经营复盘，让自己对经营情况了如指掌，这样才能找到需要改善的问题。

经营复盘的四个步骤

做好每周的经营复盘，关键在于以下四个步骤（见图 7-2）。

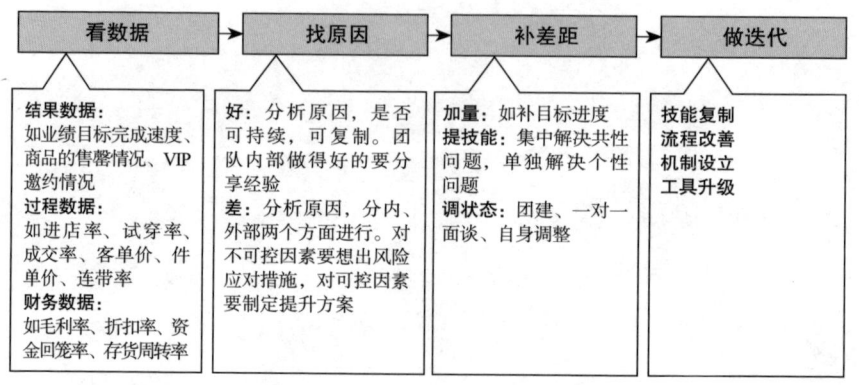

图 7-2　每周经营复盘的四个步骤

1. 第一步，看数据

要看三种数据：结果数据、过程数据以及财务数据。重点是以年度经营计划为标准，找出异常数据。

（1）结果数据

结果数据包含门店业绩目标完成进度、商品售罄情况、VIP邀约情况等。

（2）过程数据

结果好坏受驱动因素的影响，驱动因素是可以改善的突破点，这就需要我们分析过程数据，包括进店率、试穿率、成交率、客单价、件单价、连带率、动销率、清款率等。例如，发现产品售罄率不达标，通过动销率和清款率两个过程指标进行改善。

（3）财务数据

当前经营运作一定要做到店货双赢，也就是说门店要有利润，货品的回笼率也要达标，周转速度还要快。所以在经营复盘的时候，要重点关注毛利率、折扣率、资金回笼率和存货周转率。

2. 第二步，找原因

发现了异常，就需要分析产生异常的原因，考虑调动资源的利弊。例如，本周的售罄率未达标，可以调整门店的产品配置、价格、销售时间、销售数量、陈列等，这时要考虑哪些调整可以做，哪些不能做。再如，线下没有客流，可以考虑线上带货的方式，这个对策就会涉及资源配置的问题，需要权衡利弊。

通过找原因这个环节，下周的行动对策就有初步方向了。

3. 第三步，补差距

因为本周出现问题，实际结果与计划目标产生了一定的差距，需要对下周的目标进行加量，追平原定的目标。

比如售罄率不理想，对于需要集中解决的共性问题，如定价过高、主推产品选择有问题、导购连单率差、不做大单销售等，可以通过培训，提高导购技能来解决；对于需要针对性解决的个性问题，如门店中其他人的客单价都不错，只有一名导购客单价低，那就进行一对一辅导，让其得到进步。同时，通过团建对团队成员的状态进行调整。

4. 第四步，做迭代

在下一周的执行过程中，要及时收集反馈，推动迭代。如有些技能采用之后，营销情况变好了，就要将这些技能固化下来，流程也要随之发生改变。

同时公司要开始设立机制，如单款的消化率超过35%，就要进行清款分货，分货之后不再调拨，按照这个价格在门店出清就可以了。这既解决了抢好货的问题，又解决了调拨问题。

要改善做得不好的流程，提高运营效率。

在大数据的时代背景下，企业还要对工具进行升级，如 ERP 生产管理系统、CRM 客户管理系统等。

按照经营复盘的四个步骤，就能找到当前的卡点问题，进而找原因，形成解决方案，将好的方式进行固化，形成全新的流程和机制，并不断迭代，经营状况自然会越来越好。

案例 7-1

某周，总前委看到商品部提供的品牌 KPI 指标反馈表（见表 7-1），表中列出 A 品牌夏季商品截至 6 月 20 日的各项指标情况，要分析问题形成的原因，设计接下来的行动方案。

表 7-1　某品牌周 KPI 指标反馈表

品牌	A 品牌	库存成本（元）	130 459
年度	2021	库存牌额（元）	283 607
季节	夏	上周销量（件）	46
订单数量（件）	728	本周销量（件）	34
订货金额（元）	449 486	本周销售金额（元）	20 154
订货成本（元）	202 269	到货售罄	39%
到货数量（件）	737	资金回笼（元）	−79 000.04
到货成本（元）	225 250.04	回笼率	65%
到货牌额（元）	489 674	退货后售罄	56%
累计销量（件）	287	退货后资金回笼（元）	−11 425
累计销售牌额（元）	172 165	退货后回笼率	93%
累销成本额（元）	79 195.90	折扣	85%
累计销售金额（元）	146 250	回转周	13.2
库存数量（件）	450		

发现问题（找关键）

通过数据可以看到，货品售罄率只有 39%，即使算上退货，售罄率也不过 56%，实际夏季产品销售已经到了一个高峰期，资金回笼率才 65%，还差 79 000 元才能回本，退货后的回笼率也才 93%，差 11 425 元才能回本，折扣已经做到了八五折。

分析差异（看风险）

按照操盘规律，夏季产品将在 8 月 31 日停止销售，但当前计划是在 8 月 15 日停止销售，还有 8 周的销售时间，售罄率在返货后达到 70%，平均折扣要维持在八三折，返货后的回笼率要做到 180%。按照这个季末的结果预期，就能计算出当前的差异还有多大。按照 70% 的售罄率目标，总共需要销售 516 件，当前已经销售了 287 件，还需要销售 229 件，平均到 8 周里，每周需销售 28.6 件，日销要达到 4.1 件。这是想要达到目标需要完成的销售任务。

分析难度

通过数据分析,这个销量任务能否完成?是否存在风险?其实按照生命周期规律,夏装销量在 6 月之后就会呈现衰减趋势,所以要完成上述任务存在一定难度。

制定行动方案

① 制定下周的商品销售任务。因为按照当前夏装的销售趋势,在前期一定要多卖一些,所以下周的销售任务需要加量,可以定在 45 件。

② 定主推商品。哪些商品在下周可以进行销售?哪些顾客是可以进行购买的?要做到人货对接。一旦将商品款式确定下来,就需要设定搭配方案,想办法邀约顾客,进行商品陈列展示规划。

③ 设计营销活动拉升销量,确定产品组合,确定销售方式。

④ 店铺进行补货控制,需要补货的要抓紧补货,不卖某款式的门店及时把货抽调给要做营销活动的门店。

门店商品存销比调整

公司对门店有存货周转率的考核要求,因此每周要对各类商品的销量和库存进行控制,防止库存积压和脱销。那么,如何才能高效地管理众多门店,快速摸清门店商品的周转情况?

这就需要建立一个存销比数据看板——周存销比检查表,用于大盘、片区和单店的铺货、补货和调拨分析。

案例 7-2

在表 7-2 中,存销比代表按照当前销售速度,库存还能销售的天

表 7-2 某门店周存销比检查表

大类	小类	11月累销					11月47周累销					当前库存			周存销比	月动销比占比
		数量	SKU	成交金额(元)	标准金额	毛利率	数量	SKU	成交金额	标准金额	毛利率	数量	SKU	标准金额		
外套	呢大衣	27	17	5586	2.16%	47.15%	3	3	644	0.86%	45.96%	119	36	3.87%	278	47.2%
	风衣	84	47	19 999	6.83%	50.42%	13	15	3116	3.54%	54.17%	292	70	9.43%	157	67.1%
汇总	短外套	111	64	25 585	8.99%	49.71%	16	18	3760	4.40%	52.77%	411	106	13.30%	180	60.4%
内搭	衬衣	1	1	100	0.06%	25.00%	1	1	100	0.20%	25.00%	13	6	0.30%	91	16.7%
	针织	81	61	14 761	5.44%	52.69%	22	18	3694	5.24%	47.75%	618	202	16.50%	197	30.2%
	毛衣	1209	462	250 825	83.44%	56.02%	362	249	74 192	88.24%	55.22%	2387	637	66.30%	46	72.5%
汇总		1291	524	265 686	88.94%	55.82%	385	268	77 986	93.67%	54.83%	3018	845	83.10%	55	62.0%
下装	短裙				0					0		5	1	0.09%		
	裤子	6	8	880	0.29%	52.61%	1	1	145	0.18%	50.34%	48	15	0.92%	336	53.3%
	连衣裙	36	19	5248	1.79%	51.65%	10	8	1472	1.76%	52.82%	131	26	2.60%	92	73.1%
汇总		42	27	6128	2.07%	51.79%	11	9	1617	1.93%	52.60%	184	42	3.60%	117	64.3%
总计		1444	615	297 399	100%	55.21%	412	295	83 363	100%	54.69%	3613	993	100%	61	61.9%

注：标准金额是指按照某个选定的商品单价统计的金额。

数；动销比代表每个品类已有销售贡献的款占比情况。

通过数据分析，可以看出外套的存销比偏高，即还能销售的时间偏长，达到了180天，其中风衣高达278天，而裤子更是达到惊人的336天，这是存在异常的。在11月，秋季商品已经进入衰退期，所以秋季商品的周转已经不是很好了。

接下来，还需要对大类下的款式进行拆解，找到存销比大的款、颜色、尺码，然后针对当前在门店的销售状态，调整库存结构和主打产品配置，设计销售方案，进行落地执行。

| 实践要点 |

1. 采用52周业务管理方式跟进门店销售，要每周给门店设定核心商品。可以对比历史数据，把门店每周的高销品类特征找出来，包括小类、风格、面料、色彩和款式，以此为基础再结合当前的气温和订单销售情况，对核心商品进行假设，在下周进行验证。

2. 经营复盘中要对商品、顾客、店员等数据进行全面分析，不能只看导购的连带率和个人业绩。

3. 行动方案大多数与商品的推广有关，门店的库存储备会产生变化，要使用存销比数据看板，对行动方案影响存销比的变化趋势进行风险判断，防止存货周转率指标完成受影响。

4. 经营复盘和行动方案要在周会前做完，会上只是进行最有利方案论证。

每周会议的内容设置

在每周销售结束后,要通过周例会对本周工作进行复盘,对下周工作进行安排。在会议中,一定要做到思路清晰,布置缜密,要检查目标完成情况,分析偏差,寻找销售机会,规划下周主推款,明确下周任务要求及行动方案。

做好持续改善

在调研中我们发现,行业中优秀的门店都有一个共同的思考方式,那就是"让顾客进店,就能够买到喜欢的好产品"。最简单最朴素的想法,就是最好的前进方向。靠比拼促销,降价吸引客流,这样的策略不是长久之计,只有货好才能留住顾客。

怎样才能比别人先知道进店的顾客想要什么?你要每周做出持续改善,通过PDCA循环来假设、验证顾客喜好。

所谓PDCA,是指把一件事情做好的四个步骤:

计划(Plan):充分考虑业绩需求、市场竞争和用户拉新留存状况,确定每个月需要完成的多项测试任务。

实施(Do):深度沟通目标的重要性及可行性,预估实施中可能遇到的困难并制定解决方案,对执行方法进行设计,如意见不一致,要反复推导,最终取得一致目标。

检查（Check）：设计业绩衡量体系，每周甚至每天检查执行的进展情况，发现差异，找到差异原因。

行动（Action）：有些原因是当下决策可解决的，应立即布置；有些原因从长远来看要调整资源与能力去解决，要深入布局。

PDCA循环，能够缩减理想目标与现状之间的差距。

第一要听顾客的反馈，买手与店员要对顾客想要什么货做判断。第二是每周做假设验证，探寻一件商品好卖或不好卖的原因，从而找到进货的调整点。第三是有自己的风格定位，有系列和主题划分，这样就不会显得商品结构混乱，让顾客总感觉门店的货品是东拼西凑的、价值低的。

所以，开周会只有一个原则：带着问题来，拿着方案走（见图7-3）。

要在开周会前，让大家拿到数据，做出问题分析，想出一个解决方案，然后把这些内容带到会上，在周会现场评估制定的方案利弊，进行分析取舍，最后确定出执行的方案就可以了。

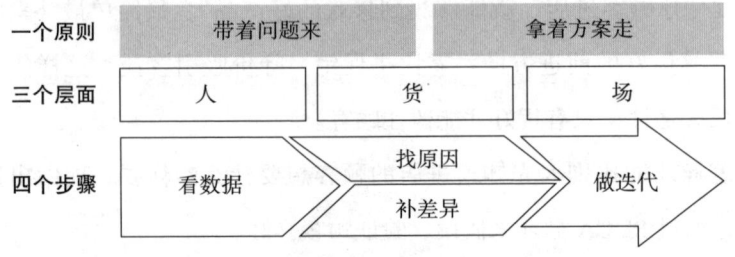

图7-3　持续改善，阶梯式进步

商品部和营运部协同开每周例会

在开周例会的时候，人、货、场三个层面都要分析到位，也就是说，不仅要分析人，也要分析货品和销售场景，包括线上和线下的情况。

案例 7-3

说明：公司定期召开经营分析会，总结上周工作，安排本周工作，预判后三周的情况。

周会逻辑：从周一到周日都有哪些工作需要完成。

三条主线：在周会中一定要关注三条主线（见图 7-4）。

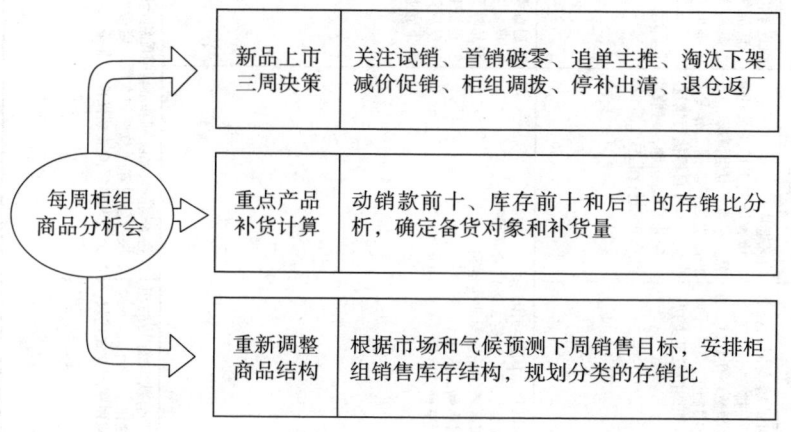

图 7-4 三条主线

第一条主线，新品上市后的对策。通常情况下，新品上市三周之内要有相关的决策，要对新品上市进行跟踪，及时跟进销售情况、门店反馈及顾客反馈。

第二条主线，重点商品的补货分析。要根据零售和商品的销量预判进行测算。

第三条主线，每周的商品结构规划。对每周需要销售货品的组合要有计划。

一周工作内容设定：区域主管、商品主管和陈列主管周内工作如表 7-3 所示。

表 7-3 商品部和营运部协同例会流程

时间	周一	周二	周三	周四	周五	周末
区域主管	查看片区上一周销售数据、库存，上周活动： 1. 对比分析上周店铺同比和环比，制订下周计划 2. 收集门店总体情况 3. 预计目标与实际完成有差距的原因 4. 上周销售结果总结，对执行对策备案	下午参加终端经营分析会，总结上周销售情况： 1. 制订下周工作计划、活动计划 2. 告知店铺总经理 3. 组织店长进行交流 4. 店长会议收集店铺调查表，下发考核表 5. 提供店长库存表、指导补充货品 6. 将上周调查表、考核表收集信息反馈给经理 7. 每周二、四、六到店参加晨会	1. 店铺落实周二会议各项安排 2. C类款消化测试，促销方案制定 3. 店间调拨意见支持	片区巡店： 1. 检查周三店长反馈的货源、陈列、卫生情况 2. 跟进店长本周工作执行情况、以及目标执行情况 3. 跟进店铺遇到的问题，对收集到的问题进行汇总反馈	跟进本周末活动： 1. 店铺落实准备情况 2. 活动准备情况 3. 加班人员安排	到店督班销售： 1. 随时关注店铺销售动向 2. 做好部门间协调工作 3. 协助门店销售
商品主管	上午参加商品部内部会议，包含上周销售数据处理、做数据分析。 1. 动销数据分析 2. 新品上市的实际销售情况跟踪与改善对策 3. A类款补A、限定B类款开销量分析 4. 收集顾客不购买C类款的原因 5. 上周安排工作执行情况跟踪，销售调价分析 6. 收集后三天及后三周气候预测 7. 分析本周与下周库存合理化问题	上午参加商品运营会议。 1. 区域调整B类款、跨区调拨畅销款 2. 滞销款调价、可重组搭配、调拨 3. 制定本周销售重点 4. 确定即将上市新品销售预期（MD安排重点假设） 5. 确定两周门店备结构、组合方案 6. 上周波段生命周期表、指导门店进行配、补、调 7. 对异常商品逐款分析原因、确定销售对策	1. 跨区货品调控动作 2. B类款停止补货、跨区域货等，区内合并尺码 3. 跨区调拨 4. 门店新品入库 5. 追单补货入库		1. 追踪调货是否到位 2. 确定各区域陈列、组合搭配 3. 追踪促销的新款销售信息反馈 4. 下周上市新品入库准备	无
陈列主管	1. 获取商品款销信息 2. 通过模拟卖场修正B类款、C类款陈列支持方案 3. 提供卖场滞销款与新品组合搭配建议	1. 根据商品部提供的上市商品生命周期12周、单品销售周期8周、S类款是爆款、A类款是畅销款、B类款是平销款、C类款是滞销款、D类款低效款或未动销款。	1. 滞销款与新品的组合建议 2. 陈列搭配方式建议	1. 将本周的货品陈列和销售搭配组合照片发到门店 2. 接收公司陈列总部的本周门店指引并落实执行 3. 为周末销售冲量做销售前准备工作	1. 将下周陈列指引发给门店 2. 落实各区域下周二陈列、组合搭配工作 3. 销售集中培训(准备)	1. 将下周陈列指引发给门店 2. 落实各区域下周二的新品陈列、组合搭配工作 3. 销售集中培训(准备)

说明：波段销售生命周期12周、单品销售周期8周、S类款是爆款、A类款是畅销款、B类款是平销款、C类款是滞销款、D类款低效款或未动销款。

周例会核心在于商品部和营运部协同，对每波段商品的顾客需求进行"假设—验证—修正"，上周的波段商品目标经过门店实际销售的验证，修正方向后作为下周的商品目标，再去验证。在不断重复的过程中，月度的销售目标才日渐接近完成。

从这个商品部和营运部协同例会流程中不难看出，区域主管、商品主管和陈列主管需要协同作业，这对于公司的组织管理水平要求很高，但是当前为了应对复杂的市场环境，这么做是必需的。你的公司需要对周业务管理进行改革，采用52周业务管理系统，锻炼员工的能力，将团队的能力提升上来。

---------------------------------| 实践要点 |---------------------------------

1. 周例会分为：公司级别总前委例会、渠道级别支部例会、分区级别分部例会和区内小组级店长例会。

2. 案例中一周的工作安排仅是某公司个例，要对自己的公司进行工作梳理，才能做出标准化的周例会流程。

3. 周例会中的商品分析部分，要分波段进行营销分析。

用结构化思维解决问题

我们要警惕过于痴迷提升团队专业技术能力的想法。有的人专业技术很强,可在面临困境的时候表现并不好,他们对自己要解决的问题没有一套结构化的思维方式,看不到问题的重点,解决问题的能力甚至不如一个新手。

要想提升解决问题的能力,我们要训练自己掌握结构化思维分析法。结构化思维分析法的核心思路是,当一个结果指标出现差异时,过程指标可以作为突破口,我们可以通过分析所有选项的可操作性,最终找到最适合的方法。

以下介绍两种具体的解决问题的方法。

七步成诗法解决问题

这个方法源于麦肯锡,通过七步可以做出一套有效的解决方案。

1. 第一步,界定问题

明确问题是什么、在哪里。

2. 第二步,分解问题

用树状结构分析产生问题的原因,要运用穷尽法,想到所有的可能性。例如企业当前新品动销率不好，上市表现差，那要把导致动销率差的原因都找到，做成树状图。

3. 第三步，优先排序

对原因进行排序，把重要的、能立即解决的排在前面。例如，动销率不好，主要是因为导购技能不行，这是可以通过培训解决的；次要原因是货品采购不精准，这也是可以解决的。

4. 第四步，议题分析

确定要分析什么要素、搜集什么资料，要制订详细的工作计划。

5. 第五步，关键分析

对关键要素与问题的关系进行论证。就是找出解决这个问题的关键点。比如：货品配置不好是人员能力的问题，还是意愿的问题？

6. 第六步，归纳总结

得出结论和建议，要怎样妥善处理问题。

7. 第七步，形成方案

拿出可以直接进行使用的方案，这就为企业提供了一个解决问题的出路。

案例 7-4

通过对某店铺本年6月份与去年同期经营指标对比分析（见表7-4），找到要解决的问题，并制定解决方案。

表 7-4 某店铺经营指标同比分析表

项目	本年 6 月	上年 6 月	增幅	增长率
金额（元）	115 401	98 602	16 799	17.0%
成本额（元）	38 930	34 588	4342	12.6%
数量（件）	229	220	9	4.1%
毛利额（元）	76 471	64 014	12 457	19.5%
折扣	0.94	0.96	−0.02	−2.1%
毛利率	66%	65%	0.01	1.5%
件单价（元）	504	448	56	12.5%
客单量（件）	168	145	23	15.9%
客单价（元）	687	680	7	1.0%
连带率	1.36	1.52	−0.16	−10.5%

界定问题

进行本月分析，发现多项指标数据均好于去年，但连带率下滑严重。虽说业绩、毛利均高于去年，但从整体分析来看，这部分上升源于折扣力度加大和客单量提升，而评估销售能力的连带率处于下滑趋势。如果连带率也能提升，则业绩和毛利额还有更大的提升空间。所以界定要解决的问题是提升连带率。

分解问题

可能是什么原因造成的连带率低？

一是导购销售问题，这又分成四个子问题：其一是搭配能力差，主要原因是平时没有演练、没有培训，自己也没有进行学习；其二是销售技巧弱，主要原因是销售话术不行、FAB 不熟悉、异议解答能力弱、成交技巧不行；其三是没有连带意识；其四是急于成单。

二是货品配置问题：其一是货品结构不合理，风格、色彩、品类、价格匹配度不高；其二是门店陈列做得不好。

三是营销策划问题：没有相对应的营销活动。

四是公司管理问题：对连带率没要求，或有要求也不够重视，没有设定相应的机制和流程。

优先排序

结合当前企业的模式和门店情况，经过分析发现核心矛盾在货品配置问题上。

通过货品配置问题继续找原因，发现企业当前的供应商货品与门店需求不匹配，这个问题短期内不能马上解决，那就需要采用营销策略来提升连带率。也就是说，货品配置出现了问题，但是受制于供应链，问题不能马上解决，只能先加强营销——货再不好卖也要努力卖，不然业绩从何而来？

议题分析

想要做好营销策划，就需要对客群了解，才能针对客群制定精准的营销方案。

要通过日常收集到的消费者画像，根据VIP级别对消费者进行细致的分析，把握他们对营销活动的偏好。

关键分析

我们发现本店铺的消费者对满额有礼接受度较高。在制定营销活动方案时，要将满额的额度计算好，既能让消费者乐于接受，又能有效提升连带率。

归纳总结

通过以上分析，营销活动选择满额有礼的活动，结合不同级别的VIP消费情况，设置三个级别的满额有礼活动。商品部、销售部对方案进行深入的分析研讨，最终敲定方案。

形成方案

在执行的过程中,持续对执行结果进行评估,并根据情况对方法进行迭代提升,不断提升团队销售能力。

企业要将案例中提到的这种方法运用到周工作中,每周都要通过这样的分析发现问题,找到解决方案。

丰田精益改善八步法

丰田公司以PDCA中暴露的问题为出发点,对价值流中的所有业务细节持续创新,创造解决问题新方法,不断追求认知迭代和结果改善,由此发展出精益改善八步法(见图7-5)。

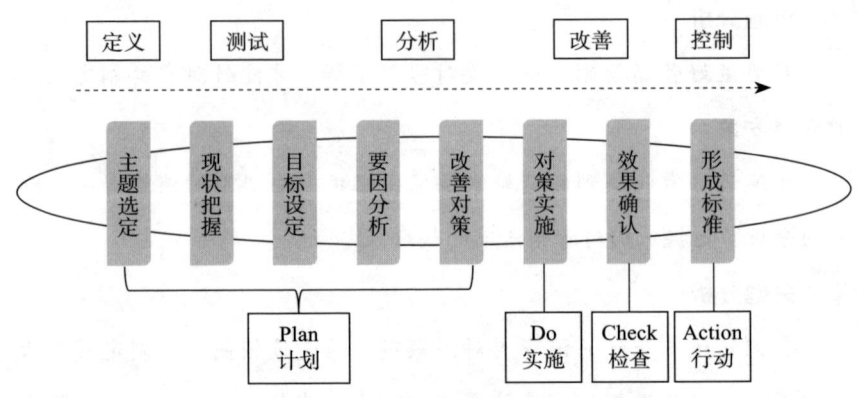

图7-5 丰田精益改善八步法

第一步:在一道工序中定位主题,选择好要攻克哪个动作。

第二步:观察当前工作的现状。

第三步:根据现状设定新的目标,同时进行能力测试。

第四步:分析是什么因素致使新目标达不到。

第五步：针对分析出来的原因，找到改善的对策。

第六步：把对策落地实操。

第七步：观察对策的效果，有用则继续使用，没用就继续改善。

第八步：将有用的对策制定为标准。

我们把八步法运用到业务管理中，比如：公司本月的业绩目标不能完成，先找原因，分析出原因后找解决对策，接下来就要将对策落地。在落地的过程中及时跟进、严格检查，若效果比较好，就可以将该对策固定为标准；若对策不管用，则要继续找寻新的对策。

当你针对问题制定营销方案的时候，不要害怕暴露问题，因为谁都不可能掌握所有的信息，只有当问题出现时，才能发现自己的认知空白，找出创新性对策。

------------------------| 实践要点 |------------------------

1. 解决问题需要进行结果验证，要进行后续跟踪，每周做销售总结。

2. 本小节介绍的方法适用于可以定量分析的问题，比如提升连带率、售罄率等。丰田精益改善八步法尤其适用于对营销方案做持续改善。

附录

经营分析八类指标

财务管理类指标
渠道管理类指标
物流管理类指标
公司收益类指标
店铺经营类指标
导购绩效类指标
顾客管理类指标
商品运营类指标

做经营决策需要有判断依据,最直接的依据是数据。公司要建立经营分析数据模型,采用八类指标,对八个经营维度进行实时跟进,追踪公司年度经营计划的执行状态,监测团队调优行动的过程和结果。这八类指标分别是:财务管理类、渠道管理类、物流管理类、公司收益类、店铺经营类、导购绩效类、顾客管理类和商品运营类。

用数字指标分析经营是一门专业技术也是一门艺术,没有逻辑清晰、结构严谨的分析模型是无法判断计划执行情况的。商品团队要建立完整的量化管理系统,跟踪并计算每一款商品、每一个店员、每一个顾客、每一个销售渠道、线上线下的每一家门店、每一个供应商、每一个时间段的数字变化,依据计划标准进行差异检测,才能及时发现问题,保证管理团队在规定的时间内完成既定的计划任务。

附录综合介绍经营分析的八类指标,其中有的指标可能在不同类别里重复使用,为了不显凌乱,每一类别都会列出全部指标,不做精简。

财务管理类指标

净资产收益率:反映所有者权益所获报酬的水平,也叫"股东权益收益率"。

净资产收益率＝企业净利润÷平均净资产×100%

资产负债率：用以衡量企业利用债权人提供资金进行经营活动的能力，以及反映债权人发放贷款的安全程度。

资产负债率＝负债总额÷资产总额×100%

固定资产比率：用于观察企业固定资产有无资金闲置之现象。

固定资产比率＝固定资产÷资产总额×100%

回款率：一般用于衡量企业的经营能力。

回款率＝实际收到销售款÷销售总收入×100%

分红率＝周期内每股分红÷周期内净利润×100%

净利润现金比率＝期间内现金净流量÷净利润×100%

毛利率＝毛利额÷销售金额×100%

费用率＝营业费用÷销售金额×100%

利润率＝利润额÷销售金额×100%

利润增长率＝（本年利润额－上年利润额）÷上年利润额×100%

销售增长率＝（本年销售金额－上年销售金额）÷上年销售金额×100%

营业收入增长率＝（本年营业收入－上年营业收入）÷上年营业收入×100%

投资收益率＝订单销售额÷（采购成本＋费用总额）×100%

渠道管理类指标

店铺总数：企业总店铺数量。

新开数量：期间内新开门店数量。

关店数量：期间内关闭店铺数量。

店效：店铺的平均营收。

年店效＝年销售金额÷店铺数量

月店效（按当月统计）＝月销售金额÷店铺数量

月店效（按年统计）＝年销售金额÷店铺有效贡献月

渠道业绩占比＝渠道业绩÷总销售业绩

渠道利润占比＝渠道利润÷总销售利润

渠道费用占比＝渠道费用÷总费用

物流管理类指标

货品账实相符：账簿记录与实物、款项实有数核对相符。

收货及时准确率：期间内按规定时间完成收货量占收货总量的比例。

发货及时准确率：期间内按规定时间完成发货量占发货总量的比例。

顾客投诉：期间内顾客投诉的数量。

员工流失率：统计期内离职员工占员工总数的比例。

员工流失率＝员工流失人数÷（期初员工人数＋本期增加员工人数）×100%

公司收益类指标

1. 数值类

业绩额：销售产品获得的收入。

销售量：企业在一定时期内实际销售的产品数量。

毛利额＝销售金额－销售成本

利润额＝毛利额－营业费用

净利额＝利润额－税费

回笼资金＝批次商品销售金额－批次商品采购成本

2. 比率类

存货周转率：又名"库存周转率""存货周转次数"，是企业一定时期（年、半年、季、月）主营业务成本与平均库存成本的比率。

存货周转率＝主营业务成本÷平均库存成本＝当期销售成本÷当期平均库存成本

平均库存成本＝（期初库存成本＋期末库存成本）÷2

毛利率＝毛利额÷销售金额×100%

净利率＝净利额÷销售金额×100%

资金回笼率＝批次商品销售金额÷批次商品采购成本×100%

店铺经营类指标

1. 收益评估

业绩额：销售产品获得的收入。

销售量：企业在一定时期内实际销售的产品数量。

毛利额＝销售金额－销售成本

净利额＝毛利额－营业费用－税费

2. 水平评估

客单数：某段时间的销售单据数，即成交客户数。

客单量：平均每个客户购买商品的成交单数。

客单量 = 下单单量 ÷ 下单客户数

客单价：每一个顾客平均购买商品的金额，即平均交易金额。

客单价 = 销售金额 ÷ 客单数

件单价 = 销售金额 ÷ 销售数量

单件率：一次购买一件商品的客单占总客单量的比例。

单件率 = 只有一件的单数 ÷ 总销售单数 × 100%

进店率 = 进店人数 ÷ 门口经过人数 × 100%

试穿率 = 试穿人数 ÷ 进店人数 × 100%

成交率 = 购买人数 ÷ 试穿人数 × 100%

　　　　= （购买人数 ÷ 进店人数）× 100%（品牌不同，用法不同）

3. VIP 管理

总 VIP 数：注册会员的总数。

复购 VIP 数：期间内重复购买的 VIP 数量。

新增 VIP 数：期间内新增注册会员的数量。

VIP 销售占比 = VIP 购买金额 ÷ 总销售金额

4. 管理效率

平效，终端卖场 1 平方米的效率，是评估卖场实力的重要标准。

平效 = 销售业绩 ÷ 店铺面积

年平效 = 年销售业绩 ÷ 店铺面积（一般常用的是年平效）

月平效 = 月销售业绩 ÷ 店铺面积

人效 = 销售业绩 ÷ 员工数量

员工流失率＝员工流失人数÷（期初员工人数＋本期增加员工人数）×100%

费用率＝营业费用÷销售金额×100%

导购绩效类指标

业绩额：销售产品获得的收入。

销售量：企业在一定时期内实际销售的产品数量。

客单数：某段时间的销售单据数。

客单量＝下单单量÷下单客户数

客单价＝销售业绩÷客单数

件单价＝销售业绩÷销售数量

单件率＝只有一件的单数÷导购销售单数×100%

新增VIP数：期间内新增注册会员的数量。

VIP购买占比（月度）＝VIP购买金额÷月度销售金额

线上销售占比＝线上销售业绩÷总销售业绩

顾客管理类指标

1. 单客户

消费频率：单个客户每一段时间内的购买次数。

最近一次消费：客户最后一次消费的时间。

消费金额：单个客户在一段时间内购买产品实际花费的金额。

最大单笔消费金额：单个客户在一段时间内单次购买最大消费金额。

特价商品消费占比：期间内，客户购买特价商品的金额占消费总金额的比值。

特价商品销售占比＝特价商品金额÷消费总金额

消费均价＝销售金额÷销售数量

2. 总体

注册会员数：企业或店铺注册会员数量。

会员增长率＝（本年会员数量－上年会员数量）÷上年会员数量×100%

会员客单价＝会员销售金额÷会员销售单数

会员件单价＝会员销售金额÷会员销售数量

VIP贡献率＝VIP销售金额÷总销售金额×100%

VIP复购率：根据顾客在周期内对店铺某一产品或服务的重复购买次数计算出的比率。复购率可以反映出顾客对该产品或服务的忠诚度，复购率越高，忠诚度越高。

复购率＝重复购买数÷总购买数×100%

活动转化率＝活动期间购买顾客数÷活动通知顾客数×100%

VIP激活率＝VIP激活数量÷总需要激活VIP数量×100%

商品运营类指标

1. 数值类

销售额：销售产品获得的收入。

销售量：企业在一定时期内实际销售的产品数量。

毛利额＝销售金额－销售成本

回笼资金 = 批次商品销售金额 − 批次商品采购成本

销售均价 = 销售实际金额 ÷ 销售数量

销牌均价 = 销售吊牌金额 ÷ 销售数量

2. 比率类

存销比：商品一定周期内，平均库存或者期初库存与周期内总销售的比值，包括数量存销比和金额存销比。存销比有三种算法：

① 存销比 =（月初库存 + 月末库存）÷ 2 ÷ 月总销量

② 存销比 = 月末库存 ÷ 月总销量

③ 存销比 = 当前库存 ÷ 期间平均销量

售罄率 = 批次商品销售数量 ÷ 批次商品订货数量 × 100%（用于订货模式）

消化率 = 批次商品销售数量 ÷（批次商品销售数量 + 批次商品库存数量）× 100%（用于门店计算商品的销售速度）

毛利率 = 毛利额 ÷ 销售金额 × 100%

库存率 = 批次商品库存数量 ÷ 批次商品订货数量 × 100%

资金回笼率 = 批次商品销售金额 ÷ 批次商品采购成本 × 100%

存货周转率 = 主营业务成本 ÷ 平均库存成本 = 当期销售成本 ÷ 当期平均库存成本

平均存货成本 =（期初库存成本 + 期末库存成本）÷ 2

动销率 = 销售 SKU ÷ 订货 SKU × 100%

清款率 =（1 − 库存 SKU ÷ 订货 SKU）× 100%

退货率 = 批次商品退货量 ÷ 批次商品总进货量 × 100%

返残率 = 批次商品返残量 ÷ 批次商品总进货量 × 100%

后记

战略目标的落地执行保障

成立管委会,把战略目标转化为行动方案。

在一年的经营还没有开始前,公司要找到现有商业模式的破局点,打开增长空间。所以要成立管委会,按照年度经营计划的八大框架,对商业模式、经营战略进行调整升级。

商业模式并不能直接带来经济效益,很多企业哪怕学习别人的模式也得不到好效果,这是为什么?因为商业模式就像一条船,你只有船不行,还需要设定它的出海方向,设定船满载而归的目标,并招来相关的船员进行操作。

所以要先确定一个大方向,这个方向一定要解决一个社会性问题,解决顾客的痛点。这就是战略定位。现在有些企业碰到经营困难,不是因为团队不好,有可能是因为没能解决顾客的痛点。

接下来要结合当前的财务数据、资源与能力进行综合分析,得到当前的战略目标体系,然后做出行动方案。战略不是一个电脑文件,不是一个营销点子,不是一个绩效考核办法,它是你的干法、活法、赢法。

成立总前委,指挥渠道每月、每周落地执行经营计划。

由财务部、采购部、商品部、营运部的中层组成总前委,把公司的战略目标分解成每个月的渠道销售目标，经由三层落地指挥系统转化为门店的月度业务计划。

高效运作的总前委应该是由各部门精英构成的一个横向协同组织，是一个项目小组，它不应是新人组成的新机构。它要对门店月度和周销售目标负责。在月度业务计划的执行过程中，总前委利用数据中台的预测和预警服务，每周对绩效进行分析。发现问题后，团队要不断想解决方案，形成每周的营销方案，这样的迭代反馈和 52 周持续的假设验证，才能保证战略目标的落地执行不走样。

公司战略目标和行动方案落到工作中，离不开组织变革和技术变革的共同加持，没有中台指挥系统的赋能指导，仅凭部门单打独斗，就没有联合作战的整体感和驾驭资源的灵活度，战略目标就不可能落实到月、周、店、人、顾客。同样的商业模式和经营战略，你比别人落地做得更好，你就有了竞争力。

主要参考文献

1. 卡普兰，诺顿. 平衡计分卡：化战略为行动［M］. 刘俊勇，孙薇，译. 广州：广东经济出版社，2004.

2. 卡普兰，诺顿. 战略地图：化无形资产为有形成果［M］. 刘俊勇，孙薇，译. 广州：广东经济出版社，2005.

3. 张长胜. 企业全面预算管理［M］. 北京：北京大学出版社，2007.

4. 卡普兰，诺顿. 战略中心型组织：平衡计分卡的致胜方略［M］. 上海博意门咨询有限公司，译. 北京：中国人民大学出版社，2008.

5. 山崎康司. 第三次经营革命——ECR式经营方式：方法与步骤［M］. 周迅，译. 北京：东方出版社，2008.

6. 卡普兰，诺顿. 平衡计分卡战略实践［M］. 上海博意门咨询有限公司，译. 北京：中国人民大学出版社，2009.

7. 王曙光，孙强银. 现代联合作战［M］. 北京：星球地图出版社，2009.

8. 魏炜，朱武祥. 发现商业模式［M］. 北京：机械工业出版社，2009.

9. 里斯，特劳特. 定位：有史以来对美国营销影响最大的观念［M］. 邓德隆，火华强，译. 北京：机械工业出版社，2011.

10. 陈威如，余卓轩. 平台战略：正在席卷全球的商业模式革命［M］. 北京：中信出版社，2013.

11. 洛威茨. 麦肯锡思维［M］. 北京：企业管理出版社，2015.

12. 三谷宏治. 经营战略全史［M］. 徐航，译. 南京：江苏凤凰文艺出版社，2015.

13. 奥斯特瓦德，皮尼厄. 商业模式新生代（经典重译版）[M]. 黄涛，等译. 北京：机械工业出版社，2016.

14. 爱迪思. 企业生命周期[M]. 王玥，译. 北京：中国人民大学出版社，2017.

15. 今井正明. 改善（珍藏版）[M]. 周亮，战凤梅，译. 北京：机械工业出版社，2017.

16. 里弗拉. 用户画像：大数据时代的买家思维营销[M]. 高宏，译. 北京：机械工业出版社，2018.

17. 王明夫. 三度修炼（职场篇）[M]. 北京：华夏出版社，2018.

18. 百胜智库. 企业中台成就智慧品牌[M]. 北京：中国经济出版社，2019.

19. 刘绍荣，夏宁敏，唐欢，尹玉蓉，等. 平台型组织[M]. 北京：中信出版社，2019.

20. 王磊. 流程管理风暴：EBPM方法论及其应用[M]. 北京：机械工业出版社，2019.

21. 鲁斯，舒克. 学习观察：通过价值流图创造价值、消除浪费（珍藏版）[M]. 赵克强，刘健，译. 北京：机械工业出版社，2021.

22. 沃麦克，琼斯. 精益思想（白金版）[M]. 沈希瑾，张文杰，李京生，译. 北京：机械工业出版社，2021.

23. 周宏骐. 商业模式设计：打通你商业认知的任督二脉. 混沌学园营销课程，2022.

业内推荐

赵栋梁老师的这本书帮助我们厘清了年度计划制订的脉络，明确了关键步骤和方法。

企业要实现高速发展，离不开商业模式优化和企业战略规划，这本书从企业的商业模式画布、战略地图的绘制到销售计划、商品计划、财务计划、执行计划的制订都做了详细的阐述。这本书将节省你很多摸索时间，值得仔细研读。

——乖一点女装主理人　熊泉

和赵栋梁老师结缘有 10 多年了，其间从商品管理到年度经营计划制订、库存运营管理，赵老师为我们的服装经营建立了实用有效的系统和落地工具模板。

我经营服装生意 20 多年，深知个中不易。服装生意要做好，需要老板具有商业模式设计的能力、战略规划的能力，还要具备管好销售、商品、团队的实操能力。《时尚零售企业年度经营计划》这本书，既能给予新入行的创业者教科书般的指导，也能帮助入行多年的老人突破业绩增长的瓶颈。

——丹东金帝白马商贸有限公司董事长　马筠清

从 2015 年开始，我们就与赵栋梁老师合作，建立和完善商品运营体系。在赵老师的指导下，我们的商品管控流程和商品数据应用上了一个台阶。有了这个坚实的基础，公司整体的战略规划和市场布局更加稳健，核心竞争力更强了。赵栋梁老师的新书《时尚零售企业年度经营计划》集战略策略、实战方法、落地应用于一体，是鞋服管理领域的佳作，值得一读。

——郑州老城人商贸有限责任公司总经理　冯向东

因赵老师的《低库存高盈利的销售路线图》一书与赵老师结缘，之后又陆续学习了赵老师的"商品管理和年度经营计划制订"课程，受益良多。喜闻赵老师又将出版《时尚零售企业年度经营计划》一书，这是鞋服行业的一件幸事。赵老师的书实用、实战、易读、易懂，集工具、方法、流程于一体，能帮助你提升企业的经营管理水平。一年之计在于年度经营计划。建议想做好经营的管理者深度阅读此书。

——陕西万欣商贸有限公司总经理　洪义

2021年有幸邀请赵栋梁老师做我们的企业顾问，指导我们进行品牌连锁体系运营效率提升，其间赵老师领着我们团队用3天时间做出年度经营计划，我深有感触，他给我们指明了方向，把团队各职能部门要完成的目标和任务规划得非常清晰。目前我们仍在坚持用这套方法。今天赵老师把这种方法写成了一本书，我推荐大家都看看，相信你也和我一样有收获。

——江苏爱走走品牌创始人　周辉

赵栋梁老师的《时尚零售企业年度经营计划》详细阐述了如何制订有效的年度经营计划，以及如何通过实施计划来实现企业的目标和愿景。推荐鞋服企业管理者、创业者以及相关领域的专业人士阅读。

——贵州鑫智博管理咨询有限公司总经理　周源

年度经营计划是企业资源（人、财、物）优化配置，效率最大化的前提条件，它的科学性决定企业的命运。认识赵老师很多年，我们也有很多共同的客户，大家的共识是：他是一位做事严谨、务实的朋友。从本书的内容来看，基本都是他实践的总结，易学、易用。本书定能助你一臂之力。

——河南速升网络科技有限公司创始人　龚新友

赵栋梁老师的这本书，讲透了鞋服品牌在数字化转型的行业大趋势下，制订年度经营计划的全过程，从商业模式变革到经营战略选择，再到各部门协同编制经营计划，有理念，有原则，有逻辑，有方法，有工具模板，对创业团队非常实用。推荐大家阅读。

——广州耐石科技有限公司 CEO　吴茂海